KB192985

지친 영혼 돌보기

그리스도인의
초자연적 회복력

RESILIENT

그리스도인의 초자연적 회복력

지은이 | 존 엘드리지
옮긴이 | 정성묵
초판 발행 | 2022. 10. 26
등록번호 | 제1988-000080호
등록된 곳 | 서울특별시 용산구 서빙고로65길 38
발행처 | 사단법인 두란노서원
영업부 | 2078-3333 FAX|080-749-3705
출판부 | 2078-3332

책값은 뒤표지에 있습니다.
ISBN 978-89-531-4324-1 03230

독자의 의견을 기다립니다.
tpress@duranno.com   www.duranno.com

두란노서원은 바울 사도가 3차 전도 여행 때 에베소에서 성령 받은 제자들을 따로 세워 하나님의 말씀으로 양육
하던 장소입니다. 사도행전 19장 8-20절의 정신에 따라 첫째 목회자를 돕는 사역과 평신도를 훈련시키는 사역,
둘째 세계선교TIM와 문서선교단행본·잡지 사역, 셋째 예수문화 및 경배와 찬양 사역, 그리고 가정·상담 사역 등을 감
당하고 있습니다. 1980년 12월 22일에 창립된 두란노서원은 주님 오실 때까지 이 사역들을 계속할 것입니다.

그리스도인의
초자연적 회복력

RESILIENT

존 엘드리지 지음

정성묵 옮김

두란노

샘과 수지, 블레인과 엠, 루크와 리브에게.

너희와 함께하는 시간이

나를 회복력 있는 사람으로 만든단다.

주님이 그의 백성을
강하게 하셨으니.

시편 148편 14절, 새번역

| CONTENTS

들어가며.

마지막 때,
회복력 없이는 견딜 수 없다 12

Part 1

고통과
상실의 시절을
지나면서

현실 외면, 일시적 위안, 트라우마의 악순환

Part 2

'초자연적 회복력'이
절실하다

더없이 목마른 시대의 생존 지침

마지막 때, 회복력 없이는 견딜 수 없다

낙타에게는 아킬레스건이 하나 있다. 거기서부터 이야기를 시작해 보자. 그런데 이 치명적인 약점은 낙타의 전설적인 '회복력'에 가려져 있다. 이 유명한 '사막의 배들'은 아브라함 시대부터 모래언덕 바다를 건너왔다. 낙타의 체력과 힘은 실로 막강하다. 무거운 짐을 싣고 몇 주간 물 한 모금 마시지 않은 채 태양이 이글거리는 사막을 걸어갈 수 있다. 반면, 같은 조건에서 인간은 단 며칠이면 목숨을 잃는다.

이런 능력을 지닌 낙타의 아킬레스건은 바로 지치지 않는 지구력으로 수천 킬로미터를 묵묵히 걷다가 어느 한순간에 느닷없이 주저앉는다는 것이다.

《연금술사》(The Alchemist)라는 책에도 이런 내용이 나온다.

낙타는 참 황당하다네. 수천 걸음을 걷고도 지친 내색 한 번
비추지 않다가 느닷없이 무릎을 꿇고서는 숨을 거둔단 말이야.
하지만 이에 반해 말은 천천히 지친다네. 그래서 말들이 얼마나

버틸 수 있을지, 언제 죽을지는 분명히 알 수 있지.[1]

인간의 영혼도 아킬레스건을 숨기고 있다. 인간은 고난과 압박 속에서도 다시 일어서는 능력이 대단하다. 다시 일어서고 또 일어선다. 하지만 어느 날 갑자기 모든 힘이 사라진다. 우리 영혼은 '더는 못 견디겠어!' 하며 백기를 들고 순식간에 무너져 내린다. 낙심, 우울증, 공허함이라는 늪에 빠져든다.

이 시대의 '모든 것'이 우리 영혼을 이 지경까지 몰아붙이고 있다. 적잖은 사람들이 무너지기 직전에 이르렀다.

우리는 미친 속도로 달려가는 현대의 일상에 시달리다 2020년, 코로나19 팬데믹을 맞았다. 인류 역사를 보면, 코로나19는 우리 세대에 일어난 제3차 세계대전이라 할 법한 수준이다. 참으로 전 세계적 차원의 재난이다. 2020년에 시작된 이 바이러스는 지구 전체를 트라우마에 빠뜨렸고, 트라우마는 우리에게 실제적인 피해를 입혔다. 오랫동안 지속된 크고 작은 손실들, 마스크, 사회적 거리두기, 백신 접종, 휴교 등으로 인한 극심한 스트레스……. 다 늘어놓자면 한도 끝도 없다.

저널리스트 에드 영은 이 팬데믹을 심층 취재 보도한 공로로 2021년 해설 보도 부문 퓰리처상을 받았다. 그는 다음과 같은 사실을 발견했다.

수백만 명이 슬픔, 불안, 고독, 지속적인 트라우마의 한 해를 견뎌
냈다. 별 탈 없이 회복하는 사람들도 있겠지만 일상이 재개되면
분주한 하루의 끝에서 찾아오는 고요한 순간이 뜻밖의 형벌처럼
느껴질 사람들도 있을 것이다. 마침내 숨통이 트일 때 그들의
숨은 한숨이 터져 나올지도 모른다. 트라우마 관리 연구소(Trauma
Stewardship Institute) 설립자이자 소장인 로라 반 더누트 립스키는
내게 이런 말을 했다. "각자 머리를 숙이고 해야 할 일을
하다가 숨 돌릴 틈이 생기면 갑자기 온갖 감정이 밀려옵니다.
…… 첫 트라우마만큼이나 그 후에 찾아오는 여파도 사람들을
망가뜨리지요."[2]

이 힘든 시기(심지어 팬데믹은 아직 다 끝나지 않았다)로 인해 우리가
치러야 하는 실질적인 대가들에 대한 현실 부정이 전 세계적 차원
에서 나타나고 있다. 우리는 그냥 얼른 털어 버리고 싶어 한다. 그
래서 어느 정도 회복된 것 같은 기분으로 자신을 위로하려 한다.
하지만 우리는 아직 우리가 겪은 이 모든 일로 인한 심리적 비용
을 다 치르지 않았다. 학대를 당한 사람에게 이제 학대가 끝났으
니 트라우마를 떨쳐야 한다고 쉽게 말할 수 없다. 하지만 우리가
집단적으로 트라우마를 부정하는 현상 이면에는 그런 논리가 흐
르고 있다.

이래서는 안 된다. 우리 영혼을 좀 더 친절하게 다루어야 한

다. 현실을 외면해서는 아무것도 치유되지 않는다. 이것이 내가 지나간 상황보다 앞으로 펼쳐질 상황에 더 관심을 기울이는 이유다. 상처를 입은 지금, 우리는 예수님이 "세상 끝"에 찾아올 것이라고 경고하셨던 시험 중 일부를 마주하고 있다(마 24:3).

평범하지 않은 날들은 한편으로 흥미진진할 수도 있지만 매우 부담스러운 것 또한 사실이다. 그런 시기에는 우리의 마음에 길을 안내해 줄 지도와 제대로 나아가기 위한 모종의 준비가 필요하다. 그런 시기에 우리는 자신의 영혼이 가진 힘에 깊은 관심을 쏟아야 한다.

갑자기 온 세상을 휩쓴 죽음의 공포. 그것은 보이지 않고 예측할 수도 없는 질병으로 인한 죽음. 불과 몇 주 만에 우리는 다양한 형태의 격리와 봉쇄에 처해졌다. 학교와 교회, 사업체들이 문을 닫았고, 경제가 휘청거렸다. 평범한 일상이 일순간에 사라져 한참을 기약없이 돌아오지 않았다.

갑자기 보통의 날들을 빼앗기고, 고통과 죽음의 두려움에 둘러싸여 살게 된 것이다. 매일같이 부정적인 소식이 사방에서 날아온다. 미래가 어떻게 될지 예측하기 힘들다. 이 어두운 터널의 끝이 도대체 어디인지 가늠할 길 없다. 사람들의 모든 표정은 마스크 너머로 사라졌다. 이건 독재 정부가 수감자들을 정신적·육체적으로 무너뜨리기 위해 사용하던 고문 방식이 아니던가?

이 상황은 분명 우리에게 트라우마를 안겨 주었다. 이제 우리는 이 트라우마에서 회복하고 새로운 회복력(resilience; 회복탄력성)을 찾을 계획을 세워야 한다.

"어쨌든 우리는 평범한 삶으로 다시 돌아갈 수 있어." 한 친구가 이렇게 말했다. 하지만 전혀 그렇지 않다. 그럴 수 있기를 우리 모두 간절히 바라지만, 실제로 일상을 방해하는 온갖 사건이 여전히 벌어지고 있다. 우리의 원수인 어둠의 왕은 인간의 마음에 심각한 타격을 입히기 위해 이 상황을 설계했다. 나는 우리의 믿음을 완전히 망가뜨리는 것이 그자의 목표라고 생각한다.

하지만 소망, 그것도 크나큰 소망이 있다. 예수님은 인류 역사가 "세상 끝"을 향해 치달을 때 우리가 어려운 시기를 맞을 줄 이미 아셨다. 그래서 그런 시기를 어떻게 이겨 내야 할지를 미리 알려 주셨다. 그러니 지금은 그분의 말씀에 특히 더 귀를 기울여야 할 때다. 인류의 창조주이자 구속자께서 회복으로 가는 길을 마련해 주셨다. 이 길을 무시하거나, 귀 기울이는 일을 '언젠가'로 미루는 것은 어리석은 짓이다. 앞으로 어떤 상황이 펼쳐질지에 관한 의견은 다를 수 있지만, 마음과 영혼의 회복력을 키우는 것이 좋다는 데는 모두 동의하리라 생각한다.

지금 우리에게 필요한 것은 감동적이고 마냥 예쁜 이야기가 아니다. 우리에게 필요한 것은 생존 지침이며, 이 책이 바로 그 생존 지침이다. 각 장은 실제로 최악의 조건 속에서도 회복한 사람들의 이야기로 시작한다. 마음과 영혼을 강화하기 위한 실질적인 도구들을 소개하는 '마음과 영혼의 회복력 기르기' 코너도 마련했다.

각 장의 내용은 우리의 시선을 예수께로 이끈다. 그리스도 안에 있는 초자연적 회복력이 우리에게 절실하기 때문이다. 우리가 손을 뻗기만 하면 그 회복력을 언제라도 얻을 수 있다.

RESILIENT

Part 1

고통과 상실의 시절을
지나면서

—

현실 외면,

일시적 위안,

트라우마의 악순환

1 ×
'하루빨리
괜찮아지고 싶은 마음'에
휘둘리다

물은 곧 생명

1946년 겨울, 윌프레드 세시저는 베두인족 네 명과 함께 낙타를 타고 황량하고 거대한 아라비아 룹알할리 사막을 건너는 불가능한 트레킹에 도전했다.

어느 순간, 성공 확률이 희박해지는 절박한 순간이 찾아왔다. 물은 거의 바닥이 났고 다음번 우물은 도저히 넘을 수 없는 모래언덕 지대 너머에 있었다.

비 오듯 땀이 쏟아졌다. 물이 걱정이었다. 온종일 땀이 나는 게
불길했다. 상처에서 피가 멈추지 않고 계속 나듯 낙타를 타고 가는
내내 굵은 땀방울이 모래 위로 뚝뚝 떨어졌다. …… 굶주림으로
몸이 쇠약해졌던 것 같다. 우리가 먹은 음식량은 베두인족의
기준에서도 굶어 죽을 정도로 적었다. 하지만 무엇보다 힘든 것은
갈증이었다. …… 계속해서 물 생각만 간절했다. 잠을 잘 때도
얼음장처럼 차가운 강물이 나오는 꿈을 꾸었다. 물론 잠도 잘
오지 않았다. …… 또한 낙타의 상태도 걱정이었다.[1]

생존자에게 첫 번째로 필요한 것은 물이다. 인간은 음식 없이는
40일도 버틸 수 있지만 물 없이는 겨우 사흘밖에 버티지 못한다.
물은 곧 생명이다. 그래서 물을 찾는 것이 급선무다.

나의 눈을 밝히소서.
시편 13편 3절
_____

삶이 다시 좋아지기를 바라는 갈망은 인간의 마음속 가장 깊은 갈망 중 하나다. 진정한 집을 잃어버린 뒤로 그 갈망은 인간의 영혼 깊은 곳에서 잠자고 있다. 인간의 마음은 에덴동산을 기억하고 있기 때문이다.

이 아름답고도 강력한 갈망은 평상시에 우리 의식의 표면 아래서 지하수처럼 흐른다. 삶 속에 있는 좋은 것들이 이 갈망을 조금씩 달래 주는 한, 이 갈망은 표면 아래에 머문다. 일이나 가족, 모험, 이 세상이 주는 작은 즐거움을 즐기는 동안에는 삶이 다시 좋아지기를 바라는 이 갈망이 조금이나마 실현되는 느낌을 받는다.

하지만 시련이 닥치고 비통한 일이 발생하면 마치 고래가 산소를 마시기 위해 물 밖으로 세차게 튀어 오르듯 이 갈망이 표면 위로 솟아오른다. 특히, 극심한 시험을 당한 직후에는 이 갈망이 한껏 치솟는다. 시험에서 버티기 위해 많은 힘을 소모했기 때문이다. 그래서 풍랑이 가라앉으면 삶이 다시 좋아지기를 바라는 갈망이 우리로 하여금 위안을 찾아 헤매게 만든다.

우리의 정체성과 우리 마음의 참된 생명에 더없이 중요한 이 갈망을 어떻게 다룰 것인가? 이 갈망에 어떻게 귀를 기울이고 그것을 어떤 방향으로 이끌 것인가? 이 질문에 대한 답에 따라 우리의 운명이 결정된다.

우리를 움직이게 하는 생명의 욕구

하나님은 각 사람에게 생명을 원하고 추구하는 원초적 능력과 욕구를 주셨다. 우리 존재의 중심에는 생명을 가져오는 것들을 '바라고', 그것들을 얻을 '계획'을 세우며, 그것들을 '부여잡고', 그것들을 즐기며, 새로운 것들을 추구하는 순환을 일으키려는 깊은 갈망이 있다. 이것은 하나님이 주신 생명을 향한 본질적 갈망이다. 이것을 '원초적 생명의 욕구'라고 부르겠다.

삶이 다시 좋아지기를 바라는 이 갈망은 바다 깊은 곳 고래의 울음처럼 우리 안에서 울려 퍼지는 애절한 호소다.

우리는 온전히 살아 있는 동안에는 갈망하기를 그만두지 못하는 것 같다. 우리가 아름답고 좋다고 느끼는 것들이 있다. 우리는 이것들을 갈망할 수밖에 없다.[2]

이 갈망이 인간을 가장 혹독한 환경에서도 생존하게 한다. 또한 인간으로 하여금 이 세상의 모든 좋은 것들을 음미하고 사랑하며 아름다운 것들을 만들게 한다.

나는 십자가의 요한이 하나님과의 친밀함에 관해 쓴 시를 참 좋아한다. 그래서 이 온유한 사람이 억울하게 감옥에 갇혀 고문을 당한 적이 있다는 사실을 알았을 때 큰 충격을 받았다.

카르멜회 개혁을 시도하고 아빌라의 테레사와 손을 잡은 결과, 1577년 십자가의 요한은 납치되어 톨레도의 감옥에 갇혔다. 그의 가장 뛰어난 시 중 많은 시가 비참하게 갇혀서 고문을 당했던 이 시절에 탄생했다.

십자가의 요한은 9개월의 투옥 기간 동안 대부분 작은 감방에 갇혀 있었다. 사실 그것은 감방이라기보다 불도 켤 수 없고 일어설 수도 없을 만큼 비좁은 쪽방이었다. 이 작은 감방 바닥에 볼일을 보아야 했고, 밖에서 던져 주는 음식 찌꺼기는 가끔 그의 대소변 위로 떨어졌다. 그는 수시로 감방 밖으로 끌려 나가 흠씬 두들겨 맞았다. …… 결국 그는 돌이킬 수 없는 불구가 되었다.

수개월 동안 갈아입을 옷도 받지 못하고 씻지도 못했다. 몸에는 이가 득실거렸고 이질에도 감염되었다. 그는 자신의 배설물 위에서 잠을 자야 했다.[3]

십자가의 요한은 이 혹독한 환경을 이겨 내고 세상에 숭고한 아름다움을 더해 주었다. 그의 원초적 생명의 욕구는 하나님이 초자연적 회복력과 함께 불어넣으신 것이었다.

더없이 목마른

지난 몇 년간 우리의 원초적 생명의 욕구는 큰 타격을 입었다. 문제는 팬데믹만이 아니다. 2020년 '이전에도' 우리 모두는 다람 쥐 쳇바퀴처럼 쉴 새 없이 달리는 삶을 살아왔다. 우리는 전자 기 기에 중독되고, 세계 곳곳에서 날아오는 뉴스에 압도되고, 사회적 긴장 때문에 지치고, 현대의 미친 속도에 몸과 마음이 방전된 삶 을 살고 있었다. 기억나는가? 원래도 소모적인 삶이었다. 우리는 3년간 안식년을 즐기다가 2020년의 소용돌이 속으로 갑자기 들 어간 것이 아니었다. 팬데믹 전에도 이미 충분히 힘들었다.

그런 상황에서 두려움과 불편, 실망, 크고 작은 온갖 손실, 거 기에 미래에 대한 불확실성까지 한꺼번에 밀려왔다. 계속된 거절이 관계 능력을 떨어뜨리고 계속된 실패가 희망을 꺾는 것처럼, 이 상황은 삶을 영위하려는 우리의 전반적인 능력을 떨어뜨렸다. 이제야 막 우리는 회복을 위해 노력하는 중이다.

우리 부부는 팬데믹 기간에 집을 수리하고 꾸민 6,500만 명의 집주인 중 하나였다. 이 숫자는 미국 내 모든 주택 소유자의 무려 4분의 3 이상으로, 역대 최고 수치다.[4] 우리 부부는 거실을 새로 페인트칠하고, 카펫과 의자들도 새로 샀다. 정원도 더 근사하게 바꾸었다. 단순히 지겨워서 변화를 주려고 한 것이 아니었다. 이는 막대한 손실과 불확실성의 한복판에서 새로운 '삶'을 시작하려는 깊은 갈망에서 나온 행동이었다. 집 수리 및 개조 열풍은 더 깊이 숨겨진 뭔가를 보여 준다. 바로 삶이 다시 좋아지기를 바라는 갈망이 페인트칠, 카펫, 정원, 조경 등으로 표출된 것이다.

하지만 아내와 함께 집을 새롭게 단장하는 내내 나는 왠지 모를 답답함을 느꼈다. 물론 집을 고치고 바꾸는 일에 정신을 쏟는 동안에는 뉴욕, 런던, 파리, 델리의 사망자 숫자와 백신에 관한 걱정을 잊어버릴 수 있었다. 하지만 그것이 온전한 답처럼 느껴지지는 않았다. 물론 집을 수리하는 일은 즐겁고 보람도 있었다. 하지만 그런다고 해서 내가 갈망하는 '삶의 수리'까지 이루어지는 건 아니었다.

2021년 전반기에 나는 '집'에 온통 집착하며 매달렸다. 물이 새는 수도꼭지부터 오랫동안 깜박였던 등불까지 모든 것을 고치고 바로잡았다. 내 영혼은 상황을 바로잡기를 간절히 바랐다. 당신도 그렇지 않았는가?

그러다가 삶이 다시 정상 비슷한 형태로 돌아오기 시작했다. 외식, 영화 상영, 야외 콘서트가 돌아왔다. 사람들은 마치 굶주린 난파선 생존자처럼 주말에 도시락을 싸 들고 우르르 몰려나가기 시작했다. [미국의 경우] 2021년 여름에는 렌터카나 숙소, 캠핑장 구하기가 하늘에 별 따기일 정도였다. 공항과 해변, 공원마다 사람들로 북적였다. 온 세상이 마치 방학 기간의 플로리다 마이애미와도 같았다. 삶이 다시 좋아지기를 바라는 갈망이 용솟음쳤고 지금도 여전히 용솟음치고 있다.

개인적으로 나는 이 시간이 너무 좋았다. 하지만 이 모든 위안거리와 활동은 내 영혼이 절실히 갈망하는 것을 채워 주지 못했다.

이 방법은 통하지 않는다

인간의 회복력은 생각보다 강하다. 원초적 생명의 욕구는 생각지도 못한 놀라운 것들을 이룰 수 있다. 십자가의 요한은 고난을 아름다운 시로 표현했다. 넬슨 만델라는 27년간 옥살이를 하고서도 그 고통 속에서 용서를 끌어냈다.

하지만 충격적인 사실은 인간의 그 모든 회복력이 일순간에 수증기처럼 증발해 버릴 수도 있다는 것이다. 우리가 원초적 생명의 욕구를 채우기 위해 사용하는 연료는 언젠가는 바닥이 난다. 수십 년간 가족에게 자신을 쏟아부었던 여성이 지쳐서 절친한 친구의 남편과 바람이 난다. 수십 년간 하나님 말씀의 잔칫상을 차린 목사가 갑자기 예수님을 더 이상 믿지 않기로 결정한다.

이런 상황은 바로 '보유고'와 관련이 있다. 우리는 고통과 상실의 세월을 견뎌 내기 위해 마음 깊은 곳에 자리한 보유고를 사용했다. 그러던 어느 날 갑자기 우리 마음이 이렇게 말한다. '이젠 다 귀찮아. 다 포기할래.' 싸움을 포기하고 일시적인 위안을 찾아 나선다. 지금 전 세계 곳곳에서 이런 상황이 벌어지고 있지 않나 싶다.

인간은 회복력이 있는 동시에 더없이 약하다. 낙타처럼 언제 무너질지 모른다. 특히 우리가 지닌 보유고를 보면 우리가 얼마나 약한지를 분명히 알 수 있다. 물론 우리는 다시 일어설 수 있고, 지금까지 수없이 다시 일어서 왔다. 우리 모두 지금까지 정말 잘해 왔다! 하지만 우리가 버틸 때마다 보유고는 점점 줄어든다. 다시 일어선 것은 정말 잘한 일이지만 그 과정에서 우리의 귀한 연료가 소모되고 우리의 연료탱크도 계속해서 점점 비어 간다. 사막 한복판을 통과하던 윌프레드 세시저 일행의 물통이 점점 비어 간 것처럼 말이다.

이것은 트라우마의 악순환이다. 우리는 고통 속에서 다시 일어서고, 그 고통이 사라지면 고통을 받았다는 사실을 부정하면서 잊어버리고자 에덴동산을 맛보기 위해 노력한다. 그러다 그 노력이 수포로 돌아가면 분노가 치솟는다. 이것이 트라우마 앞에서 보이는 대부분의 반응이다.[5]

이것이 다시 일어서려는 우리의 모습이 기만적인 이유다. 보유고를 보면 진짜 현실이 드러난다.

팬데믹 초기에 나는 열여덟 명으로 이루어진 우리 사역자 팀을 소집해서(다들 재택근무 중이었다) 잘 지내고 있는지를 확인했다. 나는 그들에게 물었다.

"요즘 에너지 상태가 어떻습니까? 평소에 활력이 100퍼센트였다면 요즘은 어때요?"

대부분 '30퍼센트 전후'라고 답했다. 평균적으로 그들은 평상시 활력의 약 30퍼센트 정도만 느끼고 있었다. 트라우마 때문이다.

"그럼 내일 당장 큰 위기가 닥친다면 어떨 것 같아요? 그 위기를 다룰 보유고가 얼마나 남아 있습니까?"

그들의 답은 평균적으로 15퍼센트 전후였다. 회복력이 매우 강한 집단의 수치가 고작 이 정도다.

1년 뒤 2021년에 나는 그들에게 같은 질문을 또다시 던졌다. 상황이 조금 개선되긴 했지만 수치는 크게 나아지지 않았다. 당신의 보유고는 어떠한가? 혹시 평가는 해 보았는가?

자신에게 물어보라.

'다음 주에 또 다른 팬데믹이 지구를 덮친다면? 새로운 치명적 위협이 나타나 또다시 격리와 철저한 사회적 거리두기로 돌아가야 한다면? 고통과 죽음에 관한 막연한 공포 속에서 계속해서 살아야 한다면? 미래에 관한 불확실성으로 늘 불안해야 한다면? 그 고통이 언제 끝날지 기약이 없다면? 그렇다면 내 마음은 어떻게 반응할까?'

혹은 이렇게 한번 생각해 보라. '우리 집이 내일 불에 탈지도 모른다. 인명 피해는 없겠지만 아마도 전 재산을 잃을 것이다. 소중한 기록과 문서, 가족의 중요한 기념품까지 모든 소유물이 잿더미로 변할 것이다. 아무것도 없는 데서 삶을 다시 시작해야 할 것이다. 그런 상황을 다룰 힘이 내게 100퍼센트 남아 있나?'

앞서 말했듯이 우리는 코로나19 팬데믹으로 인한 심리적 비용을 아직 다 치르지 않았다. 우리는 다시 일어서기 위해서 우리의 보유고를 저 밑바닥까지 다 사용했다. 그래서 원수의 공격은 고사하고 더 이상의 트라우마를 마주할 힘이 남아 있지 않다. 트라우마는 우리를 민감하게 만들어 '과거의' 트라우마들을 표면 위로 끄집어낸다. 인간은 트라우마에 적응하는 존재가 아니다. 새로운 위기가 닥칠 때마다 기존의 트라우마 위에 새로운 트라우마가 쌓일 뿐이다.[6]

인간의 위험한 본성 하나는 원초적 생명의 욕구가 너무 강해서 그 욕구를 충족시키기 위해서라면 건강, 가정, 커리어, 심지어 신앙까지 거의 모든 것을 기꺼이 버린다는 것이다. 전 세계적 차원의 트라우마와 상실의 시대 이후에 이 갈망이 강하게 일어난다. 그래서 우리는 생명을 찾아 헤매게 된다. 하지만 분명한 계획이나 목적지 없이 무작정 헤매면 고통이 줄기는커녕 더 늘어나기 쉽다.

존 웨슬리 파웰이 1869년 탐험대원들과 함께 최초로 미지의 콜로라도강을 따라 그랜드캐니언을 통과할 때 그들은 어떤 시련이 기다리고 있는 줄 전혀 예상하지 못했다. 거친 급류, 예기치 못한 폭포, 그들의 목선을 집어삼킬 만한 강한 소용돌이……. 이런 상황이 몇 주간 지속되자 적지 않은 대원들이 반란을 일으켰다. 대장의 수차례 경고에도 불구하고 그들은 강을 떠나 아파치족의 땅을 통과해 협곡을 빠져나갈 길을 찾으려고 했다. 그 뒤 그들에 대한 소식은 다시는 들을 수 없었다.[7]

우리도 그간의 고통을 달래 줄 위안을 찾아 헤매다가 비슷한 위험 속으로 빠져들고 있지는 않나 심히 걱정스럽다.

다시 우리 하나님께로

이스라엘 백성들이 시내 광야를 거쳐 출애굽을 한 사건은 역사상 가장 위대한 생존 스토리 중 하나다. 무려 200만 명 이상의 사람들이 집이라고 부를 풍요의 땅을 찾아 메마르고 척박한 광야에서 방황했다. '언제쯤 삶이 다시 좋아질까?'[8]

그 광야에는 이렇다 할 식량원이 없었다. 물은 달 표면에 있는 만큼이나 희박했다. "광야 곧 사막과 구덩이 땅, 건조하고 사망의 그늘진 땅, 사람이 그곳으로 다니지 아니하고 그곳에 사람이 거주하지 아니하는 땅"(렘 2:6).

이 사건은 단순히 유대 역사 속 한순간 그 이상이었다. 이 사건은 속박에서 자유로, 메마른 땅에서 약속의 땅으로 향하는 모든 인간의 여정을 보여 주는 중요한 비유 중 하나로 우리를 위해 기록되었다. 궁극적으로 이 출애굽 사건은 어둠의 나라에서 하나님 나라로 가는 구원의 여정을 가리키는 사건이었다.

이것은 인간의 원초적 생명의 욕구에 관한 이야기다. 어디에서 우리의 목마름을 해갈할 것인가? 이것은 선택이요, 시험이다. 예전에도 그랬고 지금도 그러하며 앞으로도 쭉 그럴 것이다.

이 원초적 생명의 욕구는 너무도 강렬해서, 해방된 수많은 노예들은 익숙한 애굽의 종살이로 돌아가겠다고 반란을 일으켰다. 이 사건은 지금도 정신이 번쩍 들게 만든다.

> 너 하늘아 이 일로 말미암아 놀랄지어다 심히 떨지어다
> 두려워할지어다 여호와의 말씀이니라 내 백성이 두 가지
> 악을 행하였나니 곧 그들이 생수의 근원되는 나를 버린 것과

스스로 웅덩이를 판 것인데 그것은 그 물을 가두지 못할 터진
웅덩이들이니라.

예레미야 2장 12-13절

성경은 삶이 다시 좋아지기를 바라는 우리의 갈망이 우리의
마음을 쟁탈하기 위한 전쟁터라고 경고한다. 이 귀한 갈망을 어
떻게 관리할 것인가? 아니, 이 갈망을 관리할 것인가 관리하지 않
을 것인가? 어떻게 답하느냐에 따라 이생, 나아가 내세에 우리의
운명이 결정된다.

그리고 이 갈망은 '포스트 팬데믹' 세상에서 여전히 작용하고
있다. 우리는 하나님을 원하는 척하고 있지만 사실 우리가 '진정
으로' 원하는 것은 그저 삶이 다시 좋아지는 것이다. 하나님이 이
일에 도움이 된다면 좋은 일이다. 그럴 때 우리는 그분을 믿는다.
하지만 하나님이 도움이 되지 않는다면…… 음, 나중에 그분께로
돌아가기로 하고 일단 뭐든 우리의 강렬한 목마름을 채워 줄 것
같은 것들을 좇는다.

다가올 폭풍의 첫 번째 단계는 이것이다. 우리 모두는 스트레
스와 트라우마, 상실의 시간 이후에 생명과 기쁨을 찾아 달려왔다.
하지만 이 방법은 통하지 않는다. 앞으로도 쭉 통하지 않을 것이
다. 우리는 예전처럼 월요일부터 금요일까지 질주하는 삶으로 돌
아갔고, 그 결과는 실망이었다. 이 실망은 환멸로 발전할 것이다.

그리고 환멸은 우리를 원수의 공격에 극도로 취약하게 만든다.

우리는 우리의 강렬한 목마름을 생명의 근원이 있는 쪽으로 다시 이끌어야 한다.

생명의 강물이 닿는 곳곳마다

내 오랜 친구이자 출판 일을 하는 브라이언 햄프턴이 한번은 내게 이런 말을 했다. "쿠키는 맨 아래 선반에 놓게."

한마디로, 독자들이 도움이 될 만한 것을 얻기 위해 책의 마지막 페이지까지 기다리게 하지 말라는 뜻이다. 옳은 말이다. 그래서 큰 도움이 될 내용을 지금 바로 알려 주겠다. 이것을 미리 듣고 책을 읽으면 아마 읽는 내내 하나님께 감사하는 마음이 점점 더 커지리라.

인간의 마음과 영혼이 몇 달 내내 실망과 상실을 겪다 보면 결국 죽음이 찾아온다. 리처드 건더맨 박사는 눈에 잘 띄지 않는 작은 실망이 수백 개 혹은 수천 개가 쌓여 거대한 실망의 파도를 만들어 낸다고 말했다.[9] 희망과 꿈을 잃으면 원초적 생명의 욕구가 억눌린다.

하지만 하나님은 우리를 위해 길을 마련하셨다.

물론 안다. 대부분의 사람들은 그저 지금 당장 해변 마을에서

석 달 정도 푹 쉬기를 바랄 뿐이다. 해변을 거닐고, 배 위에서 한가로이 음료수를 마시는 쉼. 물론 좋다. 당신이 그런 쉼을 얻기를 진심으로 바란다. 하지만 현실적으로 아름다운 휴양지로 훌쩍 떠나 몇 달간 쉰다는 건 우리 대부분에게 여의치 않은 일이다. 그렇지만 생명의 강은 다르다. 우리 모두가 당장이라도 누릴 수 있다. 지금까지 우리는 생명의 강, 곧 하나님을 제대로 누리지 않았지만, 앞으로 얼마든지 누릴 수 있다.

하나님은 우리가 그분의 생명을 누리기를 원하신다. 잊지 말라. 하나님은 우리가 안식을 위해 가고 싶어 하는 그 아름다운 곳들을 지으신 창조주이시다. 모든 아름다움과 회복력, 모든 생명이 하나님에게서 나오며, 하나님은 그분 자신을 우리에게 더 온전히 부어 주기를 원하신다! 하나님의 생명은 성경에서 강으로 묘사되어 있다. 힘차고, 아름다우며, 끊이지 않고, 날마다 새로워지며, 영원히 흐르는 강.

에스겔은 이 세상에 스며드는 하나님 나라에 관한 아름다운 환상을 많이 보았다. 그는 예루살렘에 있는 하나님의 성전을 보았는데 그 성전에서 생명의 강이 흘러나왔다. 그 강은 계속 흘러가는 사이에, 헤엄을 쳐서 건너갈 수 없을 만큼 깊고도 넓어졌다. 이는 풍성함의 상징이다! 이 구절의 마무리는 실로 가슴을 뛰게 만든다. "이 강이 이르는 각처에 모든 것이 살 것이며"(겔 47:9).

모든 것이 살 것이다. 바로 이것이 우리가 원하는 것이다. 사는 것. 온전한 생명을 다시 찾는 것.

사도 요한은 다가올 나라와 회복된 세상에 관한 계시를 받았
다. 그때 그는 하나님의 도성 한복판을 통과하는 생명의 강을 보
았다.

> 또 그가 수정같이 맑은 생명수의 강을 내게 보이니 하나님과 및
> 어린양의 보좌로부터 나와서 길 가운데로 흐르더라 강 좌우에
> 생명나무가 있어 열두 가지 열매를 맺되 달마다 그 열매를 맺고
> 그 나무 잎사귀들은 만국을 치료하기 위하여 있더라.
> 요한계시록 22장 1-2절

하나님에게서 어마어마한 양의 생명이 흘러나와서 마치 거대
한 강처럼 흐른다. 굉장하지 않은가? 생명의 강은 훗날을 위한 것
이 아니다. 예수님은 이 강이 지금 '이생'에 우리의 존재 안에서 흘
러나와야 한다고 분명히 말씀하셨다. "누구든지 목마르거든 내게
로 와서 마시라 나를 믿는 자는 성경에 이름과 같이 그 배에서 생
수의 강이 흘러나오리라"(요 7:37-38).

하나님의 강력한 생명이 흐르는 강처럼 우리 안에서 우리를
통해 흐르며 우리를 흠뻑 적시고 있다.

이제 이 모든 내용을 종합해 보겠다. 우리 안에는 생명을 위한
능력과 욕구가 있다. 이것은 참으로 귀한 갈망인데 이것이 타격

을 입었다. 하나님은 "생명의 원천"이시다(시 36:9). 하나님에게서 너무도 엄청난 생명이 흘러나오기 때문에 그 생명은 그 누구도 건널 수 없는 강처럼 흐른다. 그야말로 풍성해도 너무 풍성한 생명의 흐름이다! 이 생명은 우리 안에서 그리고 우리를 통해서 흘러야 한다.

생명의 강을 받으라

● 생명의 강을 누리기 위해서는 삶이 다시 좋아지기를 바라되 먼저 하나님을 사랑해야 한다. 여기서 결과가 판가름 난다. 우리 대부분은 먼저 하나님께 나아가지 않고서 온갖 방법으로 자기의 위안을 추구해 왔다. 따라서 삶이 다시 좋아지기를 바라고 추구하되 먼저 하나님을 사랑하면서 시작해야 한다. 먼저 하나님을 선택하라.

회복으로 가는 첫 번째 단계는 우리의 원초적 생명의 욕구, 삶이 다시 좋아지기를 바라는 갈망을 다시 하나님께로 향하는 것이다. 지금까지 다른 것들에서 생명을 추구했던 삶에서 방향을 돌려 예수님께로 돌아가야 한다. 삶이 다시 좋아지기 위한 길을 그분에게서 찾아야 한다. 그분의 생명의 강을 우리 안에 채워 달라고 구해야 한다.

예수님, 삶이 다시 좋아지기를 바라는 갈망을 들고 주님께로
돌아갑니다. 주님, 사랑합니다. 제 영혼의 갈망과 바람, 고민을
주님께 맡깁니다. 제 원초적 생명의 욕구를 주님께 드립니다.
좋은 것들을 바라고 얻고 누리는 모든 과정을 주님 앞에
내려놓습니다. 삶이 다시 좋아지기를 바라는 제 강렬한 갈망을

주님께 드립니다. 주님, 사랑합니다. 주님의 생명의 강이 제 안에서 흐르게 하옵소서. 제 원초적 생명의 욕구, 삶이 다시 좋아지기를 바라는 갈망을 채워 주옵소서. 제 마음과 영혼을 생명의 강을 향해 엽니다. 생명의 강이 제 안에서, 저를 통해, 제 주변에 온통 흐르게 하옵소서. 생명의 강이 저를 회복시키고 새롭게 하고 치유하게 하옵소서. 오직 주님만이 제가 찾아야 할 유일한 생명입니다. 주님의 생명의 강을 받아들입니다. 하나님, 감사합니다. 예수님의 크신 이름으로 기도합니다. 아멘.

이 책에서 여러 '초자연적 은혜'를 탐구할 것이다. 초자연적 은혜라 함은 강력한 지진이나 번개 같은 경험을 말하는 것이 아니다. 하나님은 우리의 지친 영혼을 부드럽게 다루신다. 결코 그분의 임재로 우리에게 위압감을 주시지 않는다. 우리가 이런 은혜를 경험하면 그 은혜의 역사는 점점 강해진다. 어쨌든 첫 경험은 부드럽다. 그렇게 초자연적 은혜를 부담스럽지 않게 경험하면 그것을 믿고 받아들이는 데 도움이 된다.

이 간단한 기도를 통해 그분의 생명의 강을 구해 보라. 딱 일주일만 꾸준히 해 보고서 어떤 결과가 나타나는지 직접 지켜보라.

2 ×

사방에서
우리의 '시각'에
맹공을 퍼붓다

길과 방향을 잃다

　길을 잃었을 때 가장 먼저 할 일은 멈추는 것이다. 이것이 매우 중요하다. 발길을 멈추고 자신의 현재 위치를 파악하라. 좀 시간이 걸리더라도 그렇게 해야 한다. 위기 상황에서 살아남지 못하는 사람들의 전형적인 실수는 공포에 질린 나머지 엉뚱한 방향으로 도망치거나 단순히 호들갑을 떨다가 상황을 더 악화시키는 것이다.

　1857년, 존 뮤어와 산악인 동료는 북부 캘리포니아에 있는 화산 봉우리인 약 4,317미터 높이의 섀스타산 정상에서 강한 눈보라

속에 갇혔다. 오리털 점퍼도, 쇄빙 도끼도, 폭풍을 견뎌 낼 텐트도
없이.

억지로 산마루로 내려가 가스를 내뿜는 분기공을 지난 뒤, 폭풍은
걷잡을 수 없이 거세졌다. 온도계는 몇 분 사이에 22도나 내려가,
곧 영하로 떨어졌다. 우박이 폭설로 바뀌었고, 한밤중 같은
어두움이 찾아왔다. 황량하고 거친 바위들 틈새로 바람이 무서운
속도로 불며 윙윙 소리를 냈다. 곧이어 연달아 번쩍이는 번개가
어두운 하늘을 내리쳤고, 내 평생 본 것 중에서 가장 요란한
천둥이 쉴 새 없이 맹렬하게 하늘을 내리쳤다. 마치 산의 지반이
갈라진 것처럼 옛 화산의 불이 다시 솟아올랐다.[1]

그러나 노련한 산악인인 뮤어는 정상으로 가는 길목마다 주요
한 특징들을 눈여겨본 터였다. 그 특징들을 잘 기억해 둔 덕에 그
는 동료를 무사히 이끌 수 있었다. 그들은 먼저 산속 피난처로 몸
을 피했다가 이튿날 아침 안전하게 하산했다.

너희가 구름이 서쪽에서 이는 것을 보면
곧 말하기를 소나기가 오리라 하나니 과연 그러하고
남풍이 부는 것을 보면 말하기를
심히 더우리라 하나니 과연 그러하니라
외식하는 자여 너희가 천지의 기상은 분간할 줄 알면서
어찌 이 시대는 분간하지 못하느냐.
누가복음 12장 54-56절

처음으로 길을 완전히 잃어 본 때를 기억하는가? 콜로라도 로
키산맥으로 아들들과 사슴 사냥을 하러 갔을 때 있었던 일이다.
전날 밤 약간 눈보라가 일었다. 산을 넘어가는데 곳곳에서 생명
체의 흔적이 보였다. 사슴만이 아니라 눈덧신토끼, 산족제비, 다
람쥐, 들쥐까지 온갖 짐승의 흔적이 가득했다. 갓 내린 눈 위의 발
자국이 전해 주는 이야기를 읽는 건 얼마나 흥미로운지!

그러다 인간의 발자국을 마주쳤다. 순간, 기분이 언짢았다. 이
산에 우리만 있는 줄 알았는데……. "이 사람들은 여기서 뭘 하는
거지?" 아들들과 나는 그 자리에 앉아서 믿을 수 없다는 표정으로
그 발자국들을 쳐다보았다. 그러고 있는데 해가 점점 떠올랐다.

그제야 서서히, 아주 서서히 그 상황이 파악되었다. 그 흔적은 바로 '우리의' 발자국이었다. 직선으로 가고 있는 줄 알았는데 같은 곳을 빙빙 돌고 있었던 것이다. 나는 사륜 트럭을 몰고 온 친구가 기다리는 곳으로 우리가 부지런히 가고 있다고 생각했다. 하지만 발자국을 보니 전혀 아니었다. 우리가 지금 어느 지점에 있는지를 전혀 알지 못한 것이다.

방향을 잃고 한동안 길을 헤맸다. 지금 우리는 어디에 있는가? 우리는 얼마나 오랫동안 한자리를 빙빙 돌았는가? 이제 어떻게 해야 하는가? 어느 방향이 출구인가?

우리의 '시각'을 공격하는 세력들

사면초가에 놓인 당신의 영혼이 너무 안타깝다.

오늘날 우리가 처한 상태는 딱히 비교해서 참고할 대상이 없다. 우리는 이런 시대를 처음 살아보기 때문이다. 그래서 이 시대가 얼마나 영혼을 망가뜨리고 정신을 마비시키는지 쉬이 느끼지 못한다. 게다가 지금 우리는 트라우마에 사로잡힌 뇌(내 친구들은 "코로나 뇌"라고 부른다)로 이 상황을 다루려 하고 있지 않은가.

정신적 분열은 트라우마 이후에 흔히 나타나는 증상 중 하나다. 나는 이를 닦고서 5분만 지나면 그 사실을 까마득히 잊어버린다. 누군가에게 문자 메시지를 보내려고 휴대폰을 들었는데 손을 드는 4초 사이에 누구에게 보내려고 했는지를 잊어버린다. 한 가지 일에 그리 오래 집중하지 못한다. 한 가지 일을 잠깐 깔짝거리다가 이내 다음 일로 넘어간다.

어제도 뭔가에 정신이 팔린 채 사무실 문 앞에 서서 '자동차' 스마트키로 문을 열려고 했다. 당연히 우리 사무실 문은 '사무실' 스마트키로 열리게 되어 있고, 두 키는 모양 자체가 달랐다. 나는 어리둥절한 표정으로 한참을 서 있었다. 그러다가 내 차의 문이 열렸다 닫히는 소리를 들은 뒤에야 사무실 문이 왜 열리지 않는지를 깨달았다. 아, 정말 큰일이다.

우리는 이렇게 분열된 뇌로 2018년도와 똑같은 양의 미디어 정보를 흡수하려 하고 있다. 우리는 인류 역사상 전자 기기에 가장 많이 의존하는 세대다. 말 그대로, 역대 최고다. 지금처럼 수많은 미디어, 뉴스, 사건이 사방에서 우리를 융단폭격하고, SNS에서 수많은 의견과 반대 의견, 그릇된 정보가 난무하는 시대에는 올바른 시각을 유지하기가 극도로 힘들다. 키플링의 말처럼 "모두가 이성을 잃을 때 침착함을 유지"하기란 너무도 힘들다.[2]

어제, 콜센터 직원들에 관한 특집 기사를 봤다. 우리는 드라이어의 플러그를 어떻게 꼽는지 혹은 비행기를 어떻게 갈아타야 할지 등을 물으려고 콜센터에 전화를 건다. 콜센터 직원들은 업무 자체만 힘든 것이 아니다. 그들은 학대가 빈번하게 일어나는 환경에서 일한다. 괴롭힘, 압박, 언어폭력. 이 문제는 보통 심각한 게 아니다. 그런데 어제도 또 다른 불의를 폭로하는 기사가 터졌다. 불의와 불법에 관한 끊임없는 소식이 우리의 영혼을 짓누른다. 이런 정보의 파상 공세는 세상을 보는 우리의 시각을 흐리게 만든다.

설상가상으로, 지난 몇 십 년간 많은 사람이 SNS를 통해 뉴스를 접했다. 우리는 SNS를 통해서 현재 세상이 어떻게 돌아가고 있으며 무엇에 관심을 기울여야 할지를 파악한다. 우리는 SNS 업체들이 사기업이며, 어떤 정보를 내보낼지 말지를 결정할 때 그 소유주들의 사적인 의견을 많이 반영한다는 사실을 망각하고 있다. 대통령이나 수상이 말했거나 SNS에서 떠든다고 해서 그것이 꼭 중요하거나 사실인 것은 아니다. 하지만 그것들이 많은 사람을 분노로 몰아가고 있다.

예수님이 이런 시대를 사는 사람들에게 주신 첫 번째 조언은 "두려워하지 말라"다. "난리와 난리 소문을 듣겠으나 너희는 삼가 두려워하지 말라"(마 24:6).

역사상 가장 침착하셨던 분, 예수님. 그분은 당시의 메시지들에 현혹되기를 거부하셨다. 그분이 이제 우리에게도 침착하라고 말씀하신다. 그분은 우리를 둘러싼 모든 것이 우리의 관심을 끌기 위해 아우성치고 있다는 사실을 아셨다. 온갖 것이 우리의 정신을 흐트러뜨리려 하고 있다. 불의, 폭로. 사방에서 우리를 향해 온갖 메시지가 날아온다.

"분노해! 이건 정말 분노해야 할 사실이야!"

이런 메시지는 우리의 영혼을 지치게 한다.

그러나 여기서 벗어날 길이 있다.

진짜 이야기는 하나뿐

인간의 뇌는 정보를 내러티브(narrative; 서사)의 형태로 처리한다. 이것은 현실의 본질이 왜 이야기인지를 보여 주는 결정적 증거 중 하나다.[3]

우리는 이야기를 통해 세상 속에서 자신의 위치를 파악한다. 우리는 이야기를 통해 상황을 해석하고 주변 사건들에 질서와 의미를 부여한다. 우리가 귀를 기울이는 이야기는 우리의 시각과 희망, 기대를 형성한다. 이야기는 우리가 어느 편에 설지를 결정하게 해 준다. 이 미친 시대에 당신은 스스로에게 어떤 이야기를 해 주고 있는가? 혹은 다른 사람들의 어떤 이야기에 귀를 기울이고 있는가?

정치적인 내러티브인가?

"이 선거에서는 반드시 이 당을 뽑아야 해!"

사회적인 내러티브인가?

"중요한 것은 불의야! 정의를 세워야 해!"

경제에 관한 내러티브인가?

"새로운 번영의 시대가 오고 있어!"

아니면 하나님이 해 주고 계신 이야기인가?

우리는 모두 하나의 이야기 속에서 살고 있다. 바로 하나님이 손수 쓰시고 지금도 펼치고 계신 이야기다. 세상이 우리를 향해 무엇을 외치고 있든, 어디까지나 하나님의 이야기가 세상의 이야기다. 이것은 가장 받아들이기 어려운 사실이면서도 가장 중요한 사실이다. 그렇다. 하나님의 이야기가 바로 세상의 이야기다.

에베소서의 한 구절을 보자.

> 하나님은 그분을 죽음에서 살리시고 하늘의 보좌에 앉히셔서, 은하계로부터 이 땅의 통치에 이르기까지 우주의 모든 것을 다스리게 하셨습니다. 그분의 통치를 받지 않는 이름이나 권세가 하나도 없게 하셨습니다. 잠시만이 아니라 영원토록 그렇게 하셨습니다. 이 모든 일을 담당하고 계신 분, 모든 일의 최종 결정권을 가지고 계신 분은 그리스도이십니다. 이 모든 것의 중심에서, 그리스도께서 교회를 다스리고 계십니다. 여러분도 알다시피, 교회는 세상의 변두리가 아니라 세상의 중심입니다.
>
> 에베소서 1장 20-22절, 메시지

당신의 현재 감정 상태는 예수님이 은하계로부터 이 땅의 통치에 이르기까지 세상 모든 것의 절대적인 주이시라는 확신을 반영하고 있는가? 그분의 교회가 세상의 중심이라는 확신을 반영하고 있는가? 그리스도께 최종 결정권이 있다는 확신을 반영하고 있는가?

음, 솔직히 나는 그렇지 못하다.

솔직히, 바울의 말은 기만적인 말처럼 들린다. 지구가 둥글지 않고 평평하다고 스스로를 속이려고 하는 것처럼 들린다.

바울이 에베소서를 쓸 당시의 정치적·사회적 상황을 생각해 보라. 그가 "예수님이 온 우주를 다스리시고, 그분의 통치를 받지 않는 권세가 하나도 없다"와 같은 대담한 발언을 할 당시 상황은 어떠했는가? 그가 이런 말을 할 때 기독교는 그야말로 아무것도 아니었다. 기독교는 로마제국의 이름 없는 구석에서 활동하던 작은 고대 종교 집단의 작은 분파에 불과했다. 로마야말로 당시의 '절대적인' 이야기였다. 북쪽의 브리튼에서 중동을 지나 북아프리카까지 로마는 서구 세상을 지배했다. 로마는 "서구 문명에서 가장 광범위한 정치적·사회적 구조"였다.[4] 반면, 이스라엘은 작은 피정복 국가에 불과했다. 분열되고 가난하고 억압당하는 민족.

그들이 일부 소수가 메시아로 여기는 한 남자를 십자가에서 처형할 때만 해도 로마 이야기가 아주 오랫동안 세상의 이야기 자리를 차지할 것만 같았다. 하지만 지금 그 로마는 어디에 있는가? 진작 사라지고 없다. 로마는 에베소서가 쓰인 지 200년 뒤 멸망했다. 반면, 기독교는 이후 2천 년간 계속해서 성장해서 세계적으로 영향력을 끼치며 땅끝까지 뻗어 나가고 있다.

13세기 몽골제국의 황제 칭기즈칸. 그는 로마보다도 더 큰 제국, 역사상 가장 큰 제국을 다스렸다. 최전성기 때 몽골제국은 아프리카 대륙 전체에 버금가는 약 2,800만-3,100만 제곱킬로미터의 드넓은 대륙을 차지했다. 칭기즈칸은 세계 인구의 10퍼센트를 죽였다고 자랑하며 스스로를 "신의 채찍"이라고 불렀다.[5] 당신이 그 시대에 살았다면 필시 칭기즈칸이 거대한 이야기처럼 보였을 것이다. 그런데 그 거대했던 몽골제국은 지금 어디로 갔는가?

비틀즈는 지금 어디에 있는가? 당신이 1960년대와 1970년대 초에 살았다면 비틀즈는 '절대적인' 이야기였다. 신문을 펴거나 뉴스를 틀면 항상 비틀즈가 그날 무엇을 입고 아침 식사로 무엇을 먹었는지, 심지어 폴 매카트니가 기침을 하는지, 존 레논이 재채기를 하는지까지 알 수 있었다. 그런데 그렇게 대단했던 비틀즈는 지금 어디에 있는가?

하나님의 이야기, 예수 그리스도의 이야기는 예나 지금이나 앞으로도 영원토록 계속되는 세상의 이야기다.

하나님의 백성들에게 이 사실은 늘 기억하며 살아야 할 만큼 중요하다. 이 사실을 포스트잇에 적어서 냉장고 문이나 화장실 거울, 책상에 붙이라. "하나님의 이야기는 예나 지금이나 앞으로도 영원토록 계속되는 세상의 이야기다."

지금 이 지구에 사는 모든 사람의 심장이 뛰고 있는 것은 예수 그리스도께서 그 심장을 붙들어 주고 계시기 때문이다. 이 순간과 다음 순간, 그다음 순간 모든 사람이 들이마시는 숨은 그리스도께서 만물을 다스리시기 때문에 가능한 것이다.

해는 오늘도 떠올랐고, 내일도 떠오를 것이다. 그것은 예수 그리스도께서 실제로 온 세상을 다스리고 계시기 때문이다. 지금 이 순간, 자연에서 일어나는 수만 가지 아름다운 일을 생각해 보라. 순록은 여전히 이동하고 있다. 돌고래는 여전히 바다에서 헤엄치고 있다. 고래는 여전히 산소를 마시기 위해 수면 위로 떠올랐다가 바다 깊은 곳까지 잠수한다. 동물 세계 전체가 살고 숨 쉬고 번영하는 것은 예수 그리스도께서 '절대적인' 이야기이시기 때문이다. 히브리서 1장 3절 말씀처럼 그분이 말씀의 강한 능력으로 만물을 붙드시기 때문이다.

이 사실을 부여잡으면 "침착함을 유지"하는 데 큰 도움이 된다.

클라이맥스를 향해 치닫는 하나님의 이야기

우리가 어릴 적에는 시간이 한없이 초월적으로 보였다. 여름이 한번 오면 영원히 갈 것처럼 느껴졌다. 하지만 나이를 먹으면서 우리의 나날이 한낱 안개와도 같고, 시간이 쏜살 같다는 사실을 깨달았다. 시간은 어떤 목적지를 향해 가는 것처럼 보인다.

실제로 그렇다. 이 이야기는 클라이맥스를 향해 치닫고 있다. 우리가 왜 그토록 이 현실에서 벗어나려고 하는지 모르겠다. 우리는 매일 클라이맥스에 다가가고 있다는 사실을 계속해서 부정하려고 한다. 계속해서 미래를 미루려고 한다. 하지만 이 이야기는 직선이다. 한자리를 빙빙 돌지 않고 정해진 방향을 향해 꾸준히 가고 있다. 지금 우리가 아는 삶은 영원히 지속되지 않는다. 이 거대한 이야기는 클라이맥스를 향해 '치닫고' 있다. 성경은 이 현실을 진지하게 받아들이라고 말한다. 하지만 우리는 성장하기 싫어하는 아이처럼 이 현실을 계속해서 억누르려 든다.

대부분의 사람들은 이 시대가 주는 긴장을 감지하고 있다. 그들은 불안정을 '느끼고' 있다. 급변하는 시류, 양극화, 국민들을 점점 더 강하게 통제하려는 정부, 정의를 구하는 외침. 하지만 우리는 분명함을 얻기 위해 조금도 노력하지 않는다. 뭔가 급박한 느낌은 있다. 하지만 세상은 모든 것이 괜찮은 척하기를 원한다. 마치 암 진단 결과를 직시하지 않으려는 환자처럼 말이다.

솔직히, 요즘 세상의 분위기는 진주만 공습 직전과도 같다. 1941년 12월의 그날이 오기 전, 일본의 공격에 대한 조짐이 분명히 있었다. 1940년, 일본은 독일 및 이탈리아와 동맹을 맺고 프랑스령 인도차이나, 영국령 말레이시아, 싱가포르, 네덜란드령 인도네시아, 필리핀을 침공하기 시작했다. 이에 미국은 일본의 자

산을 동결하고 일본으로의 원유 운송을 막았다. 미국은 일본과의 모든 교역과 금융 거래를 중단했다. 긴장이 최고조로 고조되었다. 경고 신호를 계속해서 보냈다. 군의 암호 해독 전문가들은 밤낮없이 작업했다.

하지만 1941년, 하와이 호놀룰루의 분위기는 여느 때처럼 한가롭기만 했다. 그곳에 주둔한 군인들은 아름다운 해변과 과즙을 가득 머금은 과일, 시원한 음료, 화려한 밤거리까지 하와이의 온갖 놀 거리를 즐기고 있었다. 적은 수만 킬로미터 밖에 떨어져 있어 보일 뿐이다. 슬리퍼를 신고 음료수를 들이키며 해변을 거닐고 있는데 공격당할 거라고는 조금도 생각하지 못할 것이다. 12월 6일 자정, 대부분의 병사들은 술집이나 나이트클럽에서 휘청거리거나 여자 친구와 해변을 거닐고 있었다. 군인들이 어울리던 로열 하와이언 호텔에서 마지막 한 잔을 들이키던 병사들도 있었다.

로열 하와이언 호텔에서 오케스트라가 미국 국가를 연주하는 동안 태평양 함대 정보 장교 에드윈 레이턴 소령은 다른 병사들처럼 차렷 자세로 서 있었다. 그는 몇 주간 일본의 사전 경고와 임박한 전쟁 가능성에 관한 불안한 보고들을 받은 터라 "미국이여, 깨어나라!"라고 외치고 싶은 충동을 강하게 느꼈다. 하지만 그는 가만히 서서 아무 말도 하지 않았다.[6]

그가 가만히 있었던 것은 두려웠기 때문이 아니라 다른 사람들이 자신의 말을 믿지 않을 것이기 때문이었다. 하지만 모두가 그 같은 현실을 보기 직전이었다.

내가 하고 싶은 말은, 당신이 당시 호놀룰루에 살았다면 곧 펼쳐질 이야기에 대한 사전 경고를 원하지 않았겠느냐는 것이다. 당연히 원했을 것이다.

현재 우리의 이야기는 클라이맥스를 향해 치닫고 있다. 우리가 원하든 원치 않든 모든 이야기는 결국 클라이맥스를 향해 가고 있다. 이 사실이 그렇게 충격적인가? 당연한 사실 아닌가?

인류 역사의 끝이 가까워지고 있다

예수님은 당대 사람들이 시대를 이해하려 들지 않는 것을 몹시 안타까워하시며 그들을 "외식하는 자"라고 부르셨다. 우리가 자기가 살고 있는 시대를 아는 일이 정말 '중요하기' 때문이다. 이야기 속에서 자신이 어느 지점에 있는지를 아는 것은 생존에 필수다. 모든 순간이 다 똑같지는 않다.

《반지의 제왕》(Lord of the Rings) 초반부의 삶은 이야기 끝 무렵의 삶과 많이 다르다. 초기 단계에서 우리는 행복한 샤이어에 있다. 우리는 빌보의 생일 파티에 초대를 받는다. 하지만 어느 순간부터 이야기는 마지막 순간을 향해 치닫는다. 마지막 순간은 모르도르 문들 앞에서 전쟁을 벌이는 순간이다. 이 전쟁은 그야말로 지옥의 문에서 벌이는 거대한 전쟁이다. 도입부와 결말부의 차이가 보이는가? 예수님이 왜 우리에게 어느 지점에 있는지를 알라고 말씀하시는지 알겠는가?

세상은 끊임없이 빌보의 생일 파티로 돌아가려고 하지만 이야기는 거기서 머물지 않는다. 모든 이야기가 그렇다. 파티가 열리는 곳으로 가려면 '전진해야' 한다.

예수님과 가장 가까웠던 사람들은 "세상 끝"이 가까웠다고 생각했다.

아이들아 지금은 마지막 때라.
요한일서 2장 18절

만물의 마지막이 가까이 왔으니 그러므로 너희는 정신을 차리고 근신하여 기도하라.
베드로전서 4장 7절

이런 말씀에 대한 반응은 두 가지다. 첫째, '저들이 잘못 안 것이 분명해'라고 생각하며 무시할 수 있다. 둘째, 약간의 겸손함을 발휘하여 성경이 하나님에게서 온 말씀이라는 사실을 기억할 수 있다. 베드로와 요한이 성령의 감동으로 말한 것이므로 분명히 보지 못하는 쪽은 우리일지 모른다고 생각할 수 있다. 그들의 시대는 "마지막 때"이기 때문에 우리의 시대는 마지막 '분초'일지도 모른다. 그렇게 생각할 이유가 충분하다.

물론 이 책은 예언에 관한 책이 아니다. 예언에 특별히 강점을 보이는 이들이 있다. 하지만 대부분의 사람들은 예언을 잘 분간하지 못하기 때문에 그 일을 다른 사람들에게 맡긴다. 그럼에도 우리 모두가 관심을 기울여야 하는 분명한 징조들이 있다. 가장 중요한 징조 중 하나는 예수님이 감람산 설교에서 일러두신 것들이다. 그 설교에서 예수님은 그분의 다시 오심에 관한 징조들과 마지막 때에 어떻게 살아야 할지를 알려 주셨다.

> 이 천국 복음이 모든 민족에게 증언되기 위하여 온 세상에
> 전파되리니 그제야 끝이 오리라.
> 마태복음 24장 14절

예수 그리스도의 복음이 모든 나라에 전파되어야 그리스도께서 돌아오신다. 이것이 우리가 분명히 분간할 수 있는 징조다. 먼저 이 일이 이루어지고 나서 그리스도께서 오실 것이다.

그런데 그거 아는가? 선교사들은 대체로 10-20년 안에 모든 나라가 복음의 증언을 받을 것이라는 데 동의한다. 예수님이 직

접 알려 주신 이 징조가 이루어질 날이 코앞에 이르렀다. 한 선교 단체 네트워크 리더는 다음과 같이 진단했다.

최근 2015년까지도 여전히 그리스도인들을 전혀 모르는 집단이 1,400개 이상 남아 있었다. 하지만 지금은 복음이 전파되지 않은 집단이 몇 백 개밖에 남지 않았으며, 매년 수백 개 집단이 복음을 접하고 있다. 하나님의 은혜로 …… 교회는 2022년 말까지 혹은 그 직후에 남은 모든 집단에 복음을 전할 것이다. 결승선이 코앞이다.[7]

당신이 이 문장을 읽을 즈음이면 복음이 모든 나라에 전파되었을 가능성이 있다. 우리 모두는 이 사실에 관심을 가져야 한다. 이것이 그리스도께서 우리에게 주신 유일한 징조는 아니지만 가장 중요한 징조 중 하나다. 이는 약속하신 재림이 가까워졌다는 뜻이다. 매우 가깝다. 내가 정확한 날짜를 예측하려는 것이 아니다. 단지 하나님의 이야기가 클라이맥스를 향해 치닫고 있다는 점을 짚고 싶다.*

---

* 그리스도의 임박한 재림에 관한 성경의 예언 중에서 이것만 실현된 것이 아니다. 1948년, 이스라엘이 갑자기 국가로 재건된 사건도 있다.

좀비가 돌아다니는 말세는 없다

그런데 하나님의 이야기가 끝을 향해 치닫고 있다는 말을 하면 대부분의 사람들은 불안한 표정을 짓는다. 이 불안감은 '끝'이라는 개념이 일으키는 막연하고 원초적인 두려움이 빌보의 파티로 돌아가고 싶은 우리의 절박한 갈망과 결합한 결과로 보인다. 이 갈망은 시련과 트라우마 때문에 더더욱 강렬해졌다. 솔직히, 자신의 작은 이야기나 아름답게 끝나기를 바랄 뿐, 세상 끝과 예수 그리스도의 재림은 다음 세대 일이기를 바라는 사람이 많을 것이다.

우리는 이런 막연하고 원초적인 두려움을 다루어야 한다. 이런 두려움은 예수님의 말씀보다 말세를 그린 영화에서 비롯한 것이기 때문이다. 사람들은 말세를, 정원 가꾸는 데 쓰는 연장들로 모든 사람이 거리에서 서로를 죽이는 영화 속 지구 멸망 이후의 시대로 상상한다. 누가 이런 시대를 살고 싶겠는가? 과연 예수님은 이런 시대를 말씀하신 것일까?

노아의 때에 된 것과 같이 인자의 때에도 그러하리라 노아가
방주에 들어가던 날까지 사람들이 먹고 마시고 장가들고
시집가더니 홍수가 나서 그들을 다 멸망시켰으며 또 롯의 때와
같으리니 사람들이 먹고 마시고 사고팔고 심고 집을 짓더니 롯이

소돔에서 나가던 날에 하늘로부터 불과 유황이 비 오듯 하여

그들을 멸망시켰느니라 인자가 나타나는 날에도 이러하리라.

누가복음 17장 26-30절

사고팔고 농사를 짓고 집을 지으려면 경제적으로 안정되어야 한다. 세상은 자동차를 빵 한 조각과 바꾸는 엄청난 경제적 혼란에 빠지지 않을 것이다. 예수님은 이런 상황을 말씀하시지 않았다. 연회, 파티, 결혼식은 사회적·문화적 안정성을 필요로 한다. 사람들은 지하실에 숨어서 파티를 열지 않는다. 동네가 안전하고 행복할 때 파티를 연다. 좀비가 돌아다니는 말세는 없다. 다시 말한다. 좀비가 돌아다니는 말세는 없다.

예수님이 재림에 관해서 말씀하신 모든 것은 '갑작스러움'이라는 요소를 가정하고 있다. 다시 말해, 대천사가 나팔을 불고 하나님이 직접 나서서 악을 쓸어버리고 기쁨의 잔치를 시작하시기 직전까지 삶은 평소와 다를 바 없게 보일 것이다!

물론 예수님은 마지막 날에 큰 환란이 닥칠 것이라고 말씀하셨다. 바로 이 부분이 사람들이 싫어하는 지점이다. 충분히 이해한다. 하지만 우리가 마지막 때를 살고 있다면 "그 날"에 관해서 알아야 하지 않겠는가. 그리고 마음과 영혼, 정신, 힘을 준비해야 하지 않겠는가.

우리 자신이 마지막 때를 살고 있지 않다 해도 "그 날"은 분명

코앞으로 다가왔다. 그리스도께서 우리 자녀나 손주 세대에 재림하신다고 해도 "그 날"은 매우 가깝다. 성경 역사의 관점에서 이 시대는 사실상 "마지막 날"이다.

나는 무엇을 해야 하는가

우리에게 가장 먼저 필요한 것은 정신적 회복력이다. 침착성을 유지해야 한다. 지금 우리는 얼마나 불안해하고 있는지 모른다. 그런 우리에게 예수님은 말씀하신다. "두려워하지 말라." 이것은 모든 형태의 군사 훈련과 생존 훈련에서 들을 수 있는 말이다. 위험이 닥쳐도 두려워하지 말라. 좋은 결정을 내릴 수 있도록 침착하라.

이 시대를 아는 것이 매우 중요하다.

* 지금이 말세는 아니더라도 말세 직전이다.
* 지금은 매우 힘든 시기다.
* 회복력을 매우 진지하게 받아들여야 한다.

정신적 회복력을 기르는 문제에 관해 뒤에서 더 자세히 설명하겠지만, '전쟁의 소문'에 귀를 닫고 하나님이 전해 주고 계신 이야기 속으로 돌아가는 것이 매우 중요하다. 세상의 미디어들보다 하나님의 이야기에 더 주의를 집중해야 한다.

SNS를 포함해 뉴스라는 것을 소비하는 데 하루 30분을 사용하고 있다면 성경을 읽거나 기독교 팟캐스트를 듣는 데 30분 이상, 이왕이면 두 배의 시간을 투자해야 한다. 쉬는 시간에 페이스북이나 인스타그램 피드를 스크롤하지 말고 하나님의 이야기를 기억하게 해 주는 것들, 이를테면 시편이나 좋은 설교, 하다못해 짧은 인용문이라도 읽으라.

명심하라. 지금 벌어지는 전쟁은 내러티브 간 전쟁이다. 누가 당신을 위해 이야기를 만들고 있는가? 하나님이신가, 아니면 다른 누군가인가? 공포와 불안에 떨고 있다면 뭔가에 정신이 팔려 하나님의 이야기를 망각한 것이다. 불안감이나 분노에 빠져 있는가? 그렇다면 당신이 원수에게 사로잡혔다는 사실을 깨닫고 즉시 옳은 방향을 찾으라.

내 친구 중 한 명은 2020년 팬데믹과 그야말로 드라마로 가득했던 미국 대선 기간 동안 뉴스에 완전히 중독되어 있었다. 그는 매일 뉴스를 볼 때마다 얼마나 심하게 분노에 사로잡히는지를 깨닫고서 뉴스를 끊었다. 즉시 완전히 끊었다. 그렇게 그는 6개월간 뉴스를 완전히 멀리했다. 너무 극단적이라고 말할지 모르겠지만 예수님은 우리에게 간단한 확인 방법을 알려 주셨다. 그것은 열매를 보면 그 본질을 알 수 있다는 것이다. 미디어 소비의 열매는 스트레스와 분노, 우울증, 짜증이었다. 미디어 금식의 열매는? 내 친구의 증언에 따르면, "삶에 전보다 더 많은 평안과 기쁨이 찾아온다."

> 마음과 영혼의 회복력 기르기 <

하나님의 시각을 유지하라

- 시편 23편의 고백을 큰 소리로 읽으라.

여호와는 나의 목자시니 내게 부족함이 없으리로다.

> \
> 예수님이 여전히 세상을 다스리신다. 그분이 여전히 내 삶과 세상에 깊이 개입
> 하셔서 인도하시고 내게 필요한 것을 공급해 주신다.

그가 나를 푸른 풀밭에 누이시며 쉴 만한 물가로 인도하시는도다
내 영혼을 소생시키시고.

> \
> 내가 그분을 따르면 그분은 내 지친 마음을 회복시켜 주신다.
> 내게 회복력을 주신다.

자기 이름을 위하여 의의 길로 인도하시는도다.

> \
> 세상의 온갖 소식에 불안해하지 말자. 하나님이 매일 이끌어 주실 것이다.

내가 사망의 음침한 골짜기로 다닐지라도 해를 두려워하지 않을
것은 주께서 나와 함께하심이라 주의 지팡이와 막대기가 나를
안위하시나이다.

> 그렇다. 우리는 어두운 시기를 지나고 있다. 하지만 하나님이 여전히 나를 보호
> 하고 안위해 주신다. 내 힘으로 이 어두움을 뚫고 나갈 필요가 없다.

주께서 내 원수의 목전에서 내게 상을 차려 주시고 기름을 내 머리에
부으셨으니 내 잔이 넘치나이다.

> 하나님은 힘든 시기에도 내게 선함의 잔치를 베풀어 주신다. 하나님은 내 절
> 박한 갈망을 채워 주신다.

내 평생에 선하심과 인자하심이 반드시 나를 따르리니 내가 여호와의 집에
영원히 살리로다.

> 내 삶은 팬데믹이나 정치 문제 같은 것에 따라 결정되지 않는다. 나는 하나님
> 안에 살고 있고 하나님이 내 안에 사신다. 그분의 선하심이 오늘 나와 함께하
> 시며 내 앞날은 더없이 놀랍다.

이 구절을 냉장고 문에 붙여 놓고 매일 큰 소리로 읽으면 좋다.

3 ×

'이기는 힘'을
받지 않고서는
승산 없는 싸움

포기하지 말라

저체온증이 위험한 이유는, 정도가 심해지면 졸음이 와 마냥 누워 무의식에 빠져들고 싶어지기 때문이다. 하지만 그렇게 되면…… 죽는다. 존 뮤어와 그의 동료는 죽지 않기 위해 화산의 가스 분출구 위에 엎드려 강한 눈보라를 견뎌 냈다.

가스가 진흙을 통해 뿜어져 나오는 곳에서 열기에 견딜 수 없을 지경에 이르면, 눈과 진흙으로 구멍을 막거나 발뒤꿈치로 밀어

약간씩 위치를 바꾸었다. 한편으로 극도로 추운 동시에 타는 듯
뜨거운 그 이중고 상황에서 무시무시한 바람에 그대로 노출된 채
있으면 죽을 것이 불 보듯 뻔했기 때문이다. ……

추위는 점점 더 심해졌다. 우리 몸은 꽁꽁 언 눈에 온통 뒤덮여
몹시 차가워져 있었다. 한 시간이 1년처럼 느껴지는 13시간이
지나고 동이 트기 시작했다. 하지만 정상에 자리한 바위까지
햇빛이 닿으려면 아직 멀었다. ……

캠프를 향해 떠날 시간이 가까워 오자 우리에게 남은 힘이 있을지
걱정이 되었다. 과연 걸을 수 있을까? 다리를 한 번도 펴지 못한
채 내내 엎드려 있었기 때문이다. 하지만 산악인들은 완전히
탈진한 뒤에도 언제나 끝까지 남은 힘을 찾아낸다. 그것은 일종의
제2의 생명이다. 이런 응급 상황에서만 사용 가능한 생명. 그
힘의 존재를 확인하고 나자 팔 한쪽은 이미 감각이 사라져 축
늘어졌지만 실패하리라는 두려움은 크게 느껴지지 않았다.[1]

신앙이 없더라도 살다 보면 누구나 기도할 때가 있기 마련이다. 심지어 신이 들어줄 것이라 확신하지 못하면서도 너무 절박해서 기도하는 사람도 있다. 필시 가장 흔한 기도는 "도와주세요. 힘을 주세요"일 것이다.

나는 이 기도를 정말 좋아한다. 이런 기도를 하려면 진정한 겸손이 필요하다. 우리 힘으로 감당할 수 없는 상황을 만날 때 우리는 도와 달라고, 힘을 달라고 부르짖는다. 화요일 오후에 걸려 온 전화를 무심코 받았는데 가족이 교통사고로 숨졌다는 소식을 들은 사람. 정기적인 건강검진 중 유방암 말기라는 사실을 알게 된 사람. 거동이 불편한 가족을 간병하느라 죽을 만큼 고생하는 사람.

"주님, 힘을 주세요."

예수님은 이 기도를 좋아하셨다.

예수님은 우리에게 이렇게 기도하라고 가르치셨고, 스스로도

이런 기도를 드리셨다.[2]

　이 땅에서의 삶이 끝나 갈 무렵 예수님은 제자들에게 극도로 힘든 시대에서 살아갈 날들을 위해 명확한 지시를 내리셨다. 그것은 그들이 (당신과 나를 포함한) 다음 세대를 위해 그 지시를 기록할 줄 아셨기 때문이다. 예수님은 어떤 상황에서도 이 이야기가 클라이맥스를 향해 치달을 것이며 마지막 때가 인간의 영혼에 특히 고통스러울 것이라고 분명히 말씀하셨다. 그래서 하나님께 이기는 힘을 구하라고 말씀하셨다.

> 무화과나무와 모든 나무를 보라 싹이 나면 너희가 보고 여름이
> 가까운 줄을 자연히 아나니 이와 같이 너희가 이런 일이
> 일어나는 것을 보거든 하나님의 나라가 가까이 온 줄을 알라
> 내가 진실로 너희에게 말하노니 이 세대가 지나가기 전에 모든
> 일이 다 이루어지리라 천지는 없어지겠으나 내 말은 없어지지
> 아니하리라 너희는 스스로 조심하라 그렇지 않으면 방탕함과
> 술취함과 생활의 염려로 마음이 둔하여지고 뜻밖에 그 날이
> 덫과 같이 너희에게 임하리라 이 날은 온 지구상에 거하는 모든
> 사람에게 임하리라 이러므로 너희는 장차 올 이 모든 일을 능히
> 피하고 인자 앞에 서도록 항상 기도하며 깨어 있으라.
>
> 누가복음 21장 29-36절

우리는 "장차 다가올 이 모든 일을 능히 피"할 수 있는 사람이 되기를 원한다. 생존하고 나아가 승리할 만큼 강한 사람. 풍랑을 뚫고 나아가는 사람.

예수님이 제시하시는 이 힘은 절대 평범한 힘이 아니다. 이 힘은 단순한 낙관주의가 아니다. 이 힘은 단순히 새로운 날, 기분이 새로워지는 것을 말하지 않는다. 힘든 시기에는 단순한 의지력 이상이 필요하다. 예수님은 힘을 구하라고 경고하고, 촉구하며, 사실상 명령하신다. 여기서 사용된 헬라어 단어는 '카티스퀴오'이며 그 의미는 다음과 같다.

다른 사람이 입히는 피해에 대해서 강하다.

싸워서 이기다.

힘이 우월하다.

극복하다.

승리를 거두다.[3]

이것은 용맹한 힘이다. 이 힘은 싸움을 함축한다. 원수와 싸워서 이길 수 있고 이기게 됨을 함축한다. 이 힘은 아쟁쿠르 전투 전날 밤 헨리 5세가 한 기도를 생각나게 한다. 당시 영국 군대는 기진맥진해 있었다. 많은 병사가 상처를 입거나 질병에 걸렸다. 그런 상태로 다섯 배나 많은 쌩쌩한 프랑스 군대와 싸워야 했다. 그것도 그들의 홈그라운드에서 말이다. 영국 군대의 사기는 땅에 떨어져 있었다. 헨리 5세는 어둠 속에서 홀로 무릎을 꿇고 힘을 달라는 기도를 드렸다.

오, 전쟁에 능한 하나님이시여, 우리 병사들의 마음을 강하게 하옵소서. 그들이 두려움에 사로잡히지 않게 하옵소서. 지금 그 두려움을 거두어 가옵소서. 상대편 군대가 얼마나 많은지 숫자에 대한 계산을 그들의 마음속에서 없애 주옵소서.[4]

헨리 5세는 전쟁의 하나님께 울부짖었다. 혹시 알지 모르겠지만 영어 성경에서 '전능하신 주'(Lord Almighty)로 번역된 부분은 사실 '하늘의 군대들의 주'(Lord of heaven's armies)로 번역하는 것이 정확하다. 우리 하나님은 "전쟁에 능한" 전쟁의 하나님이시다(시 24:8). 그분께 우리 마음이 강철처럼 흔들리지 않게 해 달라고 구해야 한다.

카티스퀴오라는 단어가 신약에서 사용된 것은 이외에 단 한 번뿐이다. 이번에도 예수님이 말씀하셨다. 예수님은 그분이 새로 시작하신 운동이요 혁명인 교회의 다가올 승리를 선포하셨다. 마태는 우리를 위해 이 선포를 기록했다. 예수님은 지옥의 권세가 그분의 교회를 "이기지 못"할 것이라고 약속하셨다. "또 내가 네게 이르노니 너는 베드로라 내가 이 반석 위에 내 교회를 세우리니 음부의 권세가 이기지 못하리라"(마 16:18).

카티스퀴오가 이 두 구절에서만 사용된 것은 우연이 아니다. 예수님은 지옥의 권세가 우리 마음, 특히 그분 제자들의 마음을 무너뜨리려고 한다는 사실을 우리가 이해하기를 바라신다. 하나님이 구하라고 명령하시는 힘은 전투의 힘이다. 싸워서 이기는 힘이다. 놀랍지 않은가?

우리에게는 마음의 힘, 정신의 힘, 영의 힘이 필요하다. 이기는 힘이 필요하다. 우리를 포기하게 만들려는 힘들이 분명 있기 때문이다.

포기하고 싶은 유혹

"그만둘 거예요. 운동이 몸에 좋다는 건 알지만 아무것도 하고 싶지 않거든요."

나는 우울증 초기 증세에 시달리는 한 젊은 여성과 이야기를 나누고 있었다. 그 원인 중 하나는 팬데믹 트라우마였다. 이 트라우마는 그녀가 약해진 틈을 타서 찾아온 원수의 공격이었다. "사람들을 보는 것이 좋다는 건 알지요. 근데 그냥 소파에 누워 있고 싶은걸요. 사람들 보는 것이 도움이 된다는 걸 알지만 그럴 기운이 없어요."

그녀의 말을 듣고 나는 이런 생각을 했다. '이기는 힘을 구하고

싶지도 않을 때는 대체 어디서 그런 힘을 찾지?'

며칠 뒤 나는 아름다운 시냇가에 앉아 있었다. 날이 더웠지만 상록수 그늘 아래에 앉아 있자니 시냇물의 시원함과 졸졸 흐르는 기분 좋은 물소리까지 더해져 낙원이 따로 없었다. 이끼 낀 둑에 앉아 이 작은 에덴동산의 힘이 내 지친 몸과 마음을 감싸는 것을 느꼈다. 그때 문득 그 여성이 떠올랐다. 그리고 믿음을 유지하지 못하는 내 연약함도 생각했다.

한 15분쯤 지났을까, 시냇물 위로 그물을 치는 거미들이 눈에 들어왔다. 녀석들의 건축 기술이 실로 놀라웠다. 어떻게 흐르는 시내 위에 거미줄을 칠 수 있을까? 거미줄은 수면에 거의 닿을 정도의 높이에 펼쳐져 있었다. 물 위로 오르락내리락하는 모기와 각다귀 같은 날벌레를 잡기에 완벽한 위치였다.

거미들은 거미줄 위에 미동도 하지 않고 앉아서 기다렸다. 먹이 하나를 잡기 위해 며칠이고 가만히 기다리는 그 인내심이 대단했다. 갑자기 우리를 해하려는 원수 생각이 났다. 그 원수는 인류를 사로잡기 위해 수년간에 걸쳐 펼쳐지는 문화적 작전과 덫을 준비한다.

우리가 살아온 시대, 내가 '안락의 문화'라고 부르는 시대는 우리를 약화시켜 시련을 제대로 이겨 내지 못하게 만들었다. 팬데믹 이전, 대학들의 보고에 따르면 새로운 학기가 오면 단 몇 주 만에 정신 건강 상담실이 새내기들로 가득하다고 한다. 주로 불안감과 우울증 때문이다. 신입생들을 대학 생활에 적응하도록 돕기 위해 마련한 프로그램 담당자는 최근 내게 이렇게 말했다. "요즘 열여덟 살은 과거의 열두 살 수준밖에 되지 않아요. 우리 학생들은 정서적으로 충분히 발육되어 있지 못합니다. 과거의 젊은이들보다 회복력이 훨씬 떨어지는데 그 이유를 정확히는 모르겠어요."

물론 많은 이유가 있다. 인간은 놀랍도록 복잡한 존재이기 때문이다. 하지만 결정적인 이유는 이것이 아닐까 싶다. 요즘 젊은이들은 모든 것이 휴대폰의 클릭 몇 번으로 해결되는 세상 속에서 자란다. 그렇다 보니 딱히 회복력을 기를 필요가 없다. 선진국에 사는 사람들은 이전 시대에는 상상도 할 수 없을 만큼 안락한 삶을 살고 있다. 지금은 당일 배달 시대다. 물론 나도 현대 사회의 모든 편리함을 즐기고 있다. 하지만 동시에 그런 편리함이 우리를 나약하게 만든다는 점을 분명하게 인식하고 있다. 우리가 갇혀 있는 거미줄은 오랜 세월에 걸쳐 만들어진 것이다. 그 거미줄은 안락의 문화와 첨단기술의 바벨탑이 서로 엮인 결과물이다.*
반면, 제2차 세계대전 세대는 현실 직시와 근성, 회복력으로 대공

---

* 보 번햄의 영상 '인터넷에 온 걸 환영한다'(Welcome to the Internet)를 본 적이 있다면 내 말 뜻을 정확히 이해할 것이다. 격리 기간에 홀로 우울증에 빠져든 과정에 관한 그의 다큐멘터리는 우리 모두가 마주한 현실을 드러내며 우리에게 큰 충격을 안겨 준다.

황 시대를 헤쳐 나갔다.

팬데믹은 매우 실질적인 의미에서 일종의 묵시(apocalypse)다. 즉 우리와 우리 세상에 관한 많은 것을 드러낸다. 드러난 사실들은 대개 마음에 들지 않는다. 예를 들어, 우리는 호시절에는 회복력이 강하다고 생각했지만 이번 일로 우리에게 회복력이 별로 없다는 사실이 여실히 드러났다.

우리는 약한 상태로 이 엄청난 시련의 한복판에 들어왔다. 이것은 맨발에 감기까지 걸린 채로 전쟁터에 떨어진 상황이나 다름없다. 우리의 마음은 무너질 수밖에 없는 상황이다. 우리는 패배를 당하고 포기하기 쉬운 상태에 있다. 예수님은 이것을 잘 아셨다. 그래서 우리에게 이기는 힘을 구하라고 사랑으로 알려 주셨다. 그분의 음성에는 절박함이 묻어 있다.

그 이유는 이렇다.

하나님에게서 등을 돌리는 사람들

연약한 인간은 늘 포기하고 싶은 유혹에 시달려 왔다. 하지만 예수님은 '피할' 힘을 구하라고 강권하실 때 특별한 뭔가, 다가올 뭔가를 염두에 두셨다. "그 때에 많은 사람이 실족하게 되어"(마 24:10).

사도 바울은 이 사실이 심히 신경 쓰여 데살로니가에 사는 믿음의 형제자매들에게 이렇게 썼다. "누가 어떻게 하여도 너희가 미혹되지 말라 먼저 배교하는 일이 …… 나타나기 전에는 그 날(그리스도께서 재림하시는 날)이 이르지 아니하리니"(살후 2:3). 하나님의 이야기의 클라이맥스에 이르러 예수님이 만물을 새롭게 하기 위해 오시기 전, 전 세계적으로 실족 혹은 배교가 나타날 것이다.

그런데 '배교'란 단어는 좀비가 돌아다니는 말세 이미지를 떠올리게 만든다. 그것은 이 상황을 이해하는 데 전혀 도움이 되지 않는다. 수백만 명의 사람들이 가슴팍에 "나는 하나님이 싫다. 나는 사탄이 좋다!"라고 문신을 하거나 주요 도시마다 사람들이 예수 그리스도를 욕하며 행진하는 현상이 나타날 것이라고 생각하지는 않는다. 사탄은 그보다 훨씬 더 똑똑하다. 나는 그저 단순히 하나님을 포기하는 ㄱ사람들이 무수히 많아질 것이라고 생각한다(이미 그런 현상이 벌어지고 있다). 이것이 내가 NLV 성경 번역이 훨씬 정확하다고 생각하는 이유다. "주님은 많은 사람이 하나님께 등을 돌리기 전까지 돌아오시지 않을 것이다"(살후 2:3, NLV).

유명한 찬양 인도자나 우리가 아는 교인들이 신앙을 버렸다는 소식이 처음에는 가끔씩 우리 사역 기관에 들려오기 시작했다. 그런데 지난 열두 달 사이에 이런 소식이 훨씬 늘어났다. 한때 그리스도를 향한 열정으로 타올랐던 성숙한 신자들의 삶이 무너졌다. 혹은 그들이 특별한 이유 없이 하나님을 포기했다. 물론 코로나 팬데믹을 둘러싼 정치적 갈등으로 많은 교회가 분열되었다. 하지만 이들 중 상당수는 다른 교회로 가지 않고 그냥 자기 집에 머물렀다. 예수님의 이름으로 서로 난투를 벌이는 파벌 정치로 인해 많은 사람이 젊은 시절의 신앙을 버렸다. 많은 사람이 문화적으로 더 용인 가능한 종교로 옮겼다. 많은 사람이 기독교의 어려운 진리를 버리고 좀 더 쉬운 길을 선택했다.

어쩌면 지금 우리는 거대한 배교의 흐름을 이미 목격하고 있는지도 모른다.

물론 간단한 설명이나 단순한 해법은 없다. 어떤 이들은 종교에 신물이 나서 등을 돌렸다. 하지만 하나님께 등을 돌린 사람들은 대개 상심과 환멸로 인해 그렇게 한 것이다. 그들에게 하나님은 도움이 되지 않는 분처럼 보였다. 하나님이 듣지 않으시는 것처럼 느껴졌다. 이것만큼 인간의 마음에 깊은 상처를 주는 것도 없다. 이런 상처를 어떻게 다루어야 할지에 관해서도 차차 이야기를 나누겠지만, 여기서는 일단 신앙을 포기하는 것이 사막 한복판에서 다리가 지쳐 욱신거린다고 다리를 잘라 버리는 것과 비슷하다는 말을 하고 싶다. 그래서는 결코 사막에서 빠져나올 수 없다. 하나님은 우리의 분노와 실망, 심지어 원망까지도 다루실 수 있다. 하지만 예수님을 떠나는 것은 상심 때문에 단 하나의 희망을 버리는 것이다.

내가 이 이야기를 꺼낸 것은 원수가 교활하게도 우리의 약점을 집중적으로 공략하기 때문이다. 원수는 그야말로 힘든 시기에 불신으로 우리의 마음을 흐리게 만든다. 만약 배교가 이 땅을 휩쓸게 된다면 우리는 사전 경고를 원할 수밖에 없다. 배교는 독처럼 공기 중에 퍼진다. 우리는 이 독에 서서히 중독되기를 바라지 않는다. 배교는 사회적 운동력을 얻고 있으며, 우리는 사회적 동물이기 때문에 자신도 모르는 사이에 배교에 빠져들 수 있다.

팬데믹 이후 삶이 다시 좋아지기를 바라는 우리의 갈망은 더없이 커진 상태다. 우리는 어떻게든 그 갈망을 이루기 위해 애를 써 왔다. 하지만 그런 노력은 하나같이 실망만 안겨 줄 뿐이다. 아무리 근사한 휴가도 트라우마에 빠진 우리 영혼을 치유해 주지는 못한다. 우리는 여전히 긴장과 두려움이 가득한 세상 속으로 돌아가고 있다. 그로 인한 환멸은 모든 의욕을 꺾는다. 결국 우리는 하나님이 도와주시지 않는다고 생각하여 신앙을 포기한다.

이것은 바로 원수가 내내 계획해 온 상황이다.

하지만 지금은 우리의 시간이다. 예수님은 우리에게 이기는 힘을 제시하신다. 이 힘을 받을 수 있을 때 재빨리 두 손으로 받자.

선택이 출발점이다

나는 수많은 남녀를 상담했고, 그들과 내 경험에 비추어 볼 때 원수는 우리를 어떤 방식으로 공격하든 우리 마음에 '나는 싸우고 싶지 않아'라는 태도를 심는 전술을 병행해 쓴다. 한마디로 지친 마음을 만드는 것이다. '그냥 더 이상 싸우고 싶지 않아.' 이 마음은 곧 병이다. 키르케고르가 말한 죽음에 이르는 병. 이 병은 "강한 의심, 슈퍼 의심, 메가 의심"이다.[5] 그리고 이 마음은 우리의 진짜 마음이 아니다.

이 점을 이해하는 것이 매우 중요하다. '지금은 말고, 어쩌면 나중에' 혹은 '다 귀찮아'라고 말하는 지친 마음은 우리의 진짜 마음이 아니라 원수가 주는 마음이다. 이것을 알면 훨씬 더 잘 대처할 수 있다. 원수가 주는 마음을 거부하겠다고 선택할 수 있다. '이 마음을 거부할 거야. 다 귀찮다는 마음, 싸우기도 싫다는 마음을 거부할 거야. 대신, 이기는 힘을 선택할 거야. 지는 사람들 중 하나가 되고 싶지 않아!'

다른 사람들보다 뛰어난 회복력을 타고난 듯 보이는 사람들이 있다. 존 뮤어가 그런 경우다. 그는 호주머니에 있는 빵 한 조각 말고는 아무것도 없는 상태에서 동트기 전 캠프를 나서서 50킬로미터나 걸어갔다. 안락의 문화에서는 이런 육체적·정신적 강인함을 기를 수 없다.

하지만 회복력은 '주어지는' 것이기도 하다. 회복력은 하나님이 연약한 인간에게 '나누어 주시는' 것이다. 이는 실로 복된 소식이다.

> 〔다니엘이 말했다.〕 내 몸에 힘이 없어졌고 호흡이 남지
> 아니하였사오니 내 주의 이 종이 어찌 능히 내 주와 더불어
> 말씀할 수 있으리이까 하니 또 사람의 모양 같은 것 하나가 나를
> 만지며 나를 강건하게 하여 이르되 큰 은총을 받은 사람이여
> 두려워하지 말라 평안하라 강건하라 강건하라 그가 이같이 내게
> 말하매 내가 곧 힘이 나서.
> 다니엘 10장 17-19절

카티스퀘오의 첫 번째 열매는 포기하지 않는 능력이다. 카티스퀘오는 우리에게 처칠과도 같은 용기를 불어넣는다. "절대 항복하지 말라. 절대 포기하지 말라!" 이기는 힘, 강한 용사의 전투적인 힘은 무엇보다 그만두지 않는 데서 나온다. 녹초가 되면 그저 안위만을 원하게 되기 때문이다. 과자 한 봉지, 술 한잔, 소파에 누워 종일 텔레비전만 보는 것. 이런 것만 원하게 된다. 그래서 예수님은 조심하라고 말씀하신다. "너희는 스스로 조심하라 그렇지 않으면 …… 마음이 둔하여지고 …… 이 모든 일을 능히 피하 …… 도록 항상 기도하며"(눅 21:34, 36).

예수님은 이를 피할 수단이 있다고 말씀하신다. 모든 어리석은 짓에서 피할 수 있다니 좋지 않은가? 그렇다면 지금 당장 그것을 '받기로' 선택하자.

> 마음과 영혼의 회복력 기르기 <

이기는 힘을 받으라

● 어떻게 카티스퀴오, 곧 이기는 힘을 받을 수 있을까?

첫 단계는 내가 일편단심이라고 부르는 것이다. 다른 모든 것보다 하나님을 소중히 여기는 마음이 일편단심이다. 안위를 바라는 갈망은 우리의 취약점이다. 이 갈망이 들끓을 때 하나님을 사랑해야 한다. 삶이 다시 좋아지기를 바라는 갈망이 들끓을 때 하나님을 사랑해야 한다. 성경은 하나님이 일편단심으로 그분을 사랑하는 이들을 도와주신다고 약속한다. "여호와의 눈은 온 땅을 두루 감찰하사 전심으로 자기에게 향하는 자들을 위하여 능력을 베푸시나니"(대하 16:9).

하나님은 그분께 마음을 온전히 드린 이들에게 이기는 힘을 주신다. 이것이 일편단심을 유지하는 것이 그토록 중요한 이유다.

예수님이 우리에게 이기는 힘을 제시하시기 전에 먼저, 생명을 주는 것처럼 보이지만 오히려 우리를 지치게 만드는 것들에서 돌아서라고 명령하셨다는 점에 주목해야 한다. "너희는 스스로 조심하라 그렇지 않으면 방탕함과 술취함과 생활의 염려로 마음이 둔하여지고 뜻밖에 그 날이 덫과 같이 너희에게 임하리라"(눅 21:34).

예수님 자신도 포도주를 즐기셨다. 그런데 왜 여기서 특별히 술을 지적하셨을까? '포기'를 의미하는 음주가 있기 때문이다. 술을 좋아하는 사람은 다 내가 무슨 말을 하는지 알 것이다. 녹초가 되어 집에 도착하면 그냥 한잔하고 뻗고 싶어진다. 이것은 작은 항복의 백기에 불과하다.

1장에서 소개했던 십자가의 요한은 하나님을 향한 일편단심을 품었던 사람이다. 그를 가둔 자들은 그를 무자비하게 때리고서 그리스도를 향한 충성을 철회하면 풀어 주겠다고 제안했다. 하지만 그는 단호히 거부했다. 하나님은 일편단심을 품은 이 사람에게 이기는 힘을 주셨다.

예수님이나 우리 아버지(이 둘은 한 분이시다)께로 마음을 향하면서 그분을 향한 사랑을 실천해야 한다. "주님, 사랑합니다. 주님, 사랑합니다. 주님, 사랑합니다." 이것은 사랑을 '느끼는' 것이 아니다. 전쟁 중 지친 상태에서는 사랑이 전혀 느껴지지 않을 수 있다. 그래도 상관없이 하나님을 사랑하기로 선택해야 한다. 이것이 바로 첫 단계. 하나님을 향한 일편단심을 품기로 선택할 때 이기는 힘을 받을 수 있다. 따라서 하나님을 향한 사랑을 계속해서 실천해야 한다. "주님, 사랑합니다."

하나님께 극복하고 이기고 정복하는 힘인 카티스퀴오를 구하라. 하나님이 그 힘을 제시하시니 구하고 또 구하라.

하나님 아버지, 예수님, 성령님, 온 피조 세계의 하나님, 폭풍우와
폭포수의 하나님, 주님의 능력이 필요합니다. 이기는 힘이
필요합니다. 실족하고 싶지 않아요. 희망을 잃고 싶지 않습니다.
다른 무엇보다도 주님을 선택하겠습니다. 주님께 제 충성과
마음을 드립니다. 주님, 제 몸과 마음, 영혼, 정신, 의지까지
전부를 주님께로만 향합니다. 하나님, 초자연적 회복력을
주옵소서. 이기는 힘, 승리의 힘을 제게 가득 채워 주옵소서.
온 하늘과 온 땅의 주 하나님, 저를 강하게 해 주옵소서. 정신의
힘, 마음의 힘, 의지의 힘을 주옵소서. 이 시각 성도에게 닥치는
모든 유혹을 피할 힘을 주옵소서. 제 안에 회복력을 가득 채워
주옵소서. 믿음으로 그 힘을 받고 감사드립니다. 예수님의
이름으로 기도합니다. 아멘.

아름다운 기도다. 이 기도를 수시로 드려 보라. 이 모든 기도를 언제라도
쉽게 볼 수 있도록 맨 뒤에 모아 놓았다. 또한 이 책과 함께 실천할 수 있는
'회복력으로 가는 30일'이란 프로그램을 개발했다. 큰 도움이 될 것이다. 앱
스토어에서 '1분 멈춤'(One Minute Pause) 앱을 무료로 받아 이 프로그램을 해

볼 수 있다.

우리가 이 책에서 탐구할 나머지 모든 내용은 이기는 힘 같은 '하나님의 아름다운 자원들을 받을 능력'을 키워 주기 위한 것이다.

RESILIENT

Part 2

'초자연적 회복력'이
절실하다

—

더없이

목마른 시대의

생존 지침

4 ×

황폐해진 마음,
'에덴의 영광'으로
충만하게

세상은 위험한 곳이다. 우리 이전의 모든 세대는 이 현실 앞에서 겸손과 지혜를 발휘했다. 그런데 지금 우리는 식도락과 즉각적인 정보, 당일 배송의 시대를 살고 있다. 하지만 자연 속으로 그저 1킬로미터만 들어가도 우리를 똑똑하고 회복력 있는 인간으로 성장시키도록 설계된 진짜 세상을 만나게 된다.

하지만 모든 사람이 이런 사실을 깨닫는 것은 아니다. 티모시 트레드웰은 곰 애호가였다. 그는 자칭 환경 운동가였으며 다큐멘터리 영화 제작자였다. 그는 13년 동안 여름마다 알래스카 주 캐트마이 국립공원에서 스스로 회색곰이라고 부른 갈색곰들 '사이에서 살았다.' 그는 자신이 밀렵꾼들에게서 곰을 보호하고 있다고 주장했다. 하지만 공원 경비원들은 캐트마이에서 밀렵에 관해 보고된 기록은 없다고 말한다.

트레드웰은 보통 여름이 끝날 무렵 공원을 떠났으나 2003년에는 무슨 이유에서인지 여자 친구와 함께 10월까지 그곳에 머물렀다. 가을이 되자 산에서 내려온 낯선 곰이 트레드웰 주변에 나타났다. 녀석들은 트레드웰에게 훈련되지 않은 그야말로 야생 곰들이었다. 가을은 곰이 겨울 동면을 위해 칼로리를 저장하면서 공격적인 포식성을 보이는 시기이기도 하다. 안타깝게도 트레드웰과 여자 친구는 끝내 스물여덟 살짜리 갈색곰에게 잡아먹히고 말았다.

어떤 이들은 트레드웰을 용감한 사람이라고 평했다. 그의 감수성이 남달랐다고 말하는 이들도 있었다. 하지만 대부분의 알래스카 사람들은 그를 정신 나간 사람 취급했다. 당신이 트레드웰의 삶과 죽음을 다룬 다큐멘터리 영화 〈그리즐리 맨〉(Grizzly Man)을 보고 어떤 결론을 내리든, 그가 지독히 순진했다는 사실만큼은 부인하기 힘들다.

누가 어떻게 하여도 너희가 미혹되지 말라
먼저 배교하는 일이 …… 나타나기 전에는
그 날이 이르지 아니하리니.
데살로니가후서 2장 3절

살면서 한 번쯤은 자연 다큐멘터리를 본 적이 있을 것이다. 화면에서 수천 마리의 순록이 툰드라 지역을 이동하거나 수많은 누 (Wildbeest) 무리가 연례 행사로 세렝게티를 횡단하는 웅장한 장면이 펼쳐진다.

카메라는 높은 곳에서 아래를 훑고 내려오면서 먼저 방대한 대열을 이루어 이동하는 수많은 동물을 보여 준다. 그러고 나서 무리에서 뒤처지는 몸집 작은 개체를 클로즈업한다. 이어서 내레이터의 설명이 뒤따른다. "상처 입은 새끼가 무리에서 이탈해 위험에 처했습니다." 그다음 장면은 뻔하다. 늑대, 하이에나의 등장. 나는 자연의 이 부분이 특히 싫다.

그런데 세상도 이처럼 얼마든지 폭력적인 곳으로 변할 수 있다. 예수님은 이 점을 너무도 잘 아신다. 무엇보다도 예수님 자신이 그러한 폭력을 극한까지 경험하시지 않았던가.

예수님의 촉구와 경고에서 자주 볼 수 있는 이 절박한 분위기는 분명한 현실 직시에서 비롯한 것이다. 목자에게서 벗어나 헤매게 되면 반드시 해를 만나게 된다. 예수님의 말씀처럼 어두움의 세력이 "도둑질하고 죽이고 멸망시키려"고 온다(요 10:10).

우리는 이 현실을 지금보다 훨씬 더 진지하게 받아들여야 한다. 오늘 당장 카메라가 우리의 삶을 클로즈업해서 무엇이 우리를 뒤쫓고 있는지 보여 준다면 우리는 어떻게 할까? 분명 우리는 목자에게로 더 가까이 다가갈 것이다. 하지만 이미 지칠 대로 지친 우리는 슬리퍼 차림으로 칵테일이나 홀짝이며 쉬고 싶을 뿐, 주변을 충분히 경계하지 않는다.

예수님이 마지막 때의 시험에 관해 말씀하실 때 그 목소리에는 절박감이 한껏 묻어 나왔다.

> 너희가 내 이름으로 말미암아 모든 사람에게 미움을 받을 것이나
> 끝까지 견디는 자는 구원을 얻으리라.
> 마태복음 10장 22절

> 끝까지 견디는 자는 구원을 얻으리라.
> 마태복음 24장 13절

너희의 인내로 너희 영혼을 얻으리라.

누가복음 21장 19절

"인내." 이것이 어떤 시험이든 끝까지 견디는 자들과 그렇지
못한 자들을 가르는 핵심 요인이다. 끝까지 버티라. 낙심하지 말
라. 그냥 억지로 참으라는 말이 아니다. 예수님이 우리에게 제시
하시는 아름다운 회복력은 '그분의' 능력에서 오는 것이다. 인내
는 그분이 우리에게 '나누어 주시는' 것이다.

여기서 잠시 멈추고, 두 가지 환경에서 살 수 있는 생물인 양
서류에 관한 이야기를 해 보자.

초자연적 은혜를 무시한 채 번영을 꿈꾸다

그리스도인들은 두 생태계, 두 현실의 혜택을 누리며 살아야
한다. 두 현실은 육적 세상과 영적 세상, 땅과 하늘이다. 이 두 세
상은 각각 인간 번영을 위한 은혜들을 제공한다.

자연 세계는 아름다움으로 가득하며, 이 아름다움은 인간의
영혼을 살찌운다. 이것이 우리가 아름다운 곳으로 휴가를 떠나는
이유다. 우리는 기분 전환을 하고 싶을 때 숲을 거닐고, 바다에서
수영을 하고, 자전거로 들판을 달리고, 음악을 듣고, 별이 총총한

하늘 아래의 뜰에서 저녁 식사를 한다. 우리의 마음과 영혼을 살찌우고 강화시키는 자연의 은혜들이 수없이 많다. 아름다움도 그런 은혜요, 고요함도 동일한 은혜다. 기술 문명에서 벗어나 자연 속으로 들어가면 그런 은혜를 마음껏 누릴 수 있다. 하지만 팬데믹 직전에 이런 은혜에 관한 책을 썼기 때문에 여기서 더 자세히 이야기하지는 않겠다.[1]

또한 인간은 '영적' 세상에서 편안히 살도록 창조되었다. 우리는 놀라운 하나님 나라의 쉼을 통해 초자연적 은혜를 누리며 살아야 한다.

당신이 하나님의 위로나 사랑을 경험했다면 그것은 하늘이 여기 땅으로 내려온 것이다. 그때 당신은 하나님 나라의 쉼을 통해 필요한 도움, 힘, 생명력을 얻었다.

기도는 필요한 것을 받기 위해 하늘을 향해 손을 뻗는 것이다. 예수님의 음성을 듣는 기쁨을 맛보았는가? 그분이 마음의 감동을 주는 성경이나 노래 같은 것으로 당신을 이끄셨는가? 그렇다면 하늘이 당신의 자연 세계로 내려온 것이다. 당신은 하나님 나라의 자원들을 누린 것이다. 물론 당신이 발견해야 할 것은 이보다 훨씬 더 많다!

불현듯 펭귄이 떠오른다. 펭귄들은 엄밀한 의미에서 양서류는 아니다. 하지만 펭귄은 두 세계를 자유롭게 오갈 수 있다. 육지에 사는 대부분의 포유동물처럼 펭귄은 뭍에서 둥우리를 짓고 잠을 자고 짝짓기를 하고 새끼들을 키운다. 하지만 펭귄은 바다에서도 놀랍도록 자유롭다. 사실, 펭귄은 뭍에서는 조금 어설픈 모습을 보인다. 하지만 물에서는 다이빙도 하고 더없이 우아하게 헤엄을 친다. 우리도 마찬가지다. 우리는 하나님 나라의 섬 속에서 자유롭게 움직일 뿐 아니라 우아하게 헤엄치도록 창조되었다.

우리는 본래 두 세계 모두에서 힘을 얻으며 살도록 설계되었다. 이것이 내가 우리를 양서류라 부르는 이유다. 하지만 우리 대부분은 초자연적 은혜를 누리지 못한다. 우리는 그런 은혜를 무시하면서 현재와 같은 시대 속에서 번영하기를 바란다. 진정한 양서류인 개구리는 기어 다닐 마른 땅이 없는 물탱크에 집어넣으면 죽게 된다. 반대로, 개구리를 물이 없는 사육장에 넣어도 죽는다. 양서류가 번영하기 위해서는 두 영역 모두가 필요하다. 하나님이 그분의 아름다운 나라에서 주시는 힘을 무시하면서 회복력을 얻으려는 것은 부질없는 짓이다.

마음을 차지하려는 전쟁

2021년 여름, 나는 몇 차례 감정에 심각한 타격을 입었다. 하나님이 약속해 주셨다고 굳게 믿었던 일들이 여러 안타까운 사건 때문에 어그러졌다. 나는 심한 배신감과 버림받은 기분을 느꼈다. 그렇게 마음이 무너져 있을 때 뭔가가 나를 뒤덮었다. 숨을 쉴 수 없게 만드는 어두운 구름과 짙은 안개 속에서 신앙을 포기하고 싶은 충동마저 들었다.

나는 이 일을 두 명의 동료에게 털어놓았다. 그들은 오랫동안 예수님과 동행해 온 신실한 신앙인이었다. 그런데 그들도 나와 거의 동일한 황폐함을 겪었다고 고백했다. 알고 보니 이 두 사람도 2021년 여름에 깊은 우울증으로 거의 신앙을 잃을 뻔했다. 그들의 회복력을 익히 아는 나로서는 실로 충격이었다. 그토록 강인한 믿음의 사람들이 그런 지경에 빠질 수 있다는 것은 말이 안 되는 듯 보였다.

우리 셋의 이야기에서 중요한 점은 지금은 모두 그 안개에서 빠져나왔고, 하나님과 함께하는 정상적인 상태로 돌아왔다는 것이다. 모든 것이 다시 좋아졌다. 이 일은 인간관계적인 측면을 포함하고 있었지만, 이 안개가 갑자기 시작되었다가 극적으로 걷혔다는 사실은 그것이 영적 원수에게서 왔다는 점을 보여 준다. 그 안개는 이 시대에 대해 예언된 배교와 직접적으로 연결되어 있었다. 우리 모두의 공통적인 증상은 마음과 영혼의 황폐함이었다. 이것은 분명 예수님이 하신 경고와 연관이 있다.

다니엘 선지자는 "황폐하게 하는 자"가 세계 무대에 등장할 날을 예언했다(단 9:27). 그자는 성경이 예언한 세상의 마지막 환난 중 일부다. 예수님도 우리가 앞서 살핀 경고와 권고에서 그자를 언급하셨다. 계속해서 바울은 그 세력(그것이 무엇이든 간에)을 데살로니가후서에서 말한 배교와 연결 짓는다.

적그리스도, 짐승, 바벨론의 음녀, 이 모든 일이 세계 무대에서 어떻게 펼쳐질지에 관한 장황한 논의의 미궁 속으로 들어갈 생각은 없다. 토끼 굴로 빠져들지 않아도 뭔가 혹은 누군가가 황폐함을 낳을 것이며, 이 황폐함이 사람들이 신앙을 버리는 원인 중 하나일 거라는 점을 충분히 이해할 수 있다. 우리는 무엇보다도 황폐하게 되지 않도록 마음을 강하게 만들어야 한다. 나와 동료들은 이 황폐함을 경험했고, 또한 많은 내담자들과 사람들에게서 이 황폐함을 목격했다.

황폐함의 증상은 메마른 마음, 빈곤한 영, 생기 없는 정신이다. 실망할 수밖에 없는 상황이라 하더라도 그 실망은 결국 환멸로 발전한다. 그렇게 되면 소망도 기쁨도 찾기 어렵다.

최악의 상황은 하나님과의 관계가 공허해진다는 것이다. 믿음이 무미건조해지거나 무뎌지거나 심지어 아예 사라진다. 하나님께 실망하고, 그분을 더 이상 믿기 싫어진다. 우리의 믿음에 절망의 그림자가 드리운다. 절뚝거리는 순록처럼 만신창이가 되어 뒤처진다. 우리의 영혼을 황폐함으로 끌고 가려는 포식자들에게 노출된다. 이 포식자에게 먹히고 싶은 사람은 아무도 없을 것이다. 그건 생각만 해도 끔찍하다.

어떤 경우든 황폐하게 되지 않도록 우리의 마음을 지켜 줄 초자연적 은혜를 찾아야 한다. 우리를 하나님으로부터 끌어내고 심지어 아예 그분께 등을 돌리게 만드는 역류를 막아 줄 은혜를 찾아야 한다.

진짜 전쟁은 우리의 마음을 놓고 벌어지는 전쟁이다. 언제나 그렇다. 진짜 전쟁은 마음에 관한 전쟁이다.

성전도 바뀌고, 전쟁터도 바뀌었다

성경에서는 황폐함의 문제를 하나님의 성전을 더럽히는 것과 연결시킨다. 이로 인해 많은 그리스도인이 마지막 때에 관한 예언들이 이루어지기 위해 예루살렘 성전이 재건되어야 한다고 생각한다.

하지만 하나님이 성전을 옮기셨다는 사실을 벌써 잊었는가? 성전의 위치가 완전히 바뀜으로써 전쟁터도 바뀌었다. 하나님은 성전을 물리적인 건물에서 인간의 마음속으로 옮기셨다.

너희는 너희가 하나님의 성전인 것과 하나님의 성령이 너희 안에 계시는 것을 알지 못하느냐.
고린도전서 3장 16절

하나님의 성전은 거룩하니 너희도 그러하니라.

고린도전서 3장 17절

우리는 살아 계신 하나님의 성전이라.

고린도후서 6장 16절

너희 몸은 너희가 하나님께로부터 받은 바 너희 가운데 계신
성령의 전인 줄을 알지 못하느냐 너희는 너희 자신의 것이
아니라.

고린도전서 6장 19절

　하나님의 자녀요 예수님의 제자인 우리가 이제 성전이다. 신
약은 이 점을 분명히 선포하고 있다. 이 사실을 마음 깊이 새기라.
이 사실은 매우 중요하며 이 시기를 위한 큰 소망과 회복력을 제
공해 주기 때문이다. 당신의 마음은 전능자가 거하시는 곳이다.
당신이 그분을 마음속에 초대했다면 말이다. 초대는 쉽다. 이렇
게 말하라. "예수님, 주님이 필요합니다. 정말 필요합니다. 제 마
음의 성전을 주님께 엽니다. 들어오셔서 제 안에 거해 주옵소서.
제 삶을 온전히 주님께 바칩니다. 오셔서 제 구원자가 되어 주옵
소서. 제 마음에 거해 주옵소서."

　구약을 보면 처음에는 장막이 생기고 나중에 성전이 생겼다.

장막과 성전은 하나님이 그분의 백성 가운데 거하기 위해 오신 곳이다.

> 구름이 회막에 덮이고 여호와의 영광이 성막에 충만하매.
>
> 출애굽기 40장 34절

> 그때에 여호와의 전에 구름이 가득한지라 …… 여호와의 영광이 하나님의 전에 가득함이었더라.
>
> 역대하 5장 13-14절

사탄이 장막과 성전을 더럽히고 나아가 파괴하려고 '몇 번이나' 시도한 것도 무리는 아니다. 그곳은 이스라엘이 구원하시는 하나님과 함께한 중심지였기 때문이다. 이곳에서 하나님은 그분의 백성들을 만나 주셨다.

하지만 예수 그리스도의 오심(임마누엘; 하나님이 우리와 함께 계신다)으로 성령의 거처는 실로 극적인 방식을 통해 완전히 바뀌었다. 그리스도께서 십자가에서 돌아가셨을 때 예루살렘 성전의 휘장이 위에서부터 아래까지 찢어졌다. 그러고 나서 오순절에 성령이 내려오셨다. 이로써 성전은 인간의 마음속으로 그 자리를 옮겼다. 이제 인간의 마음이 하나님이 오셔서 거하시는 곳이다. '그리스도께서 우리 마음에 계시게' 된다(엡 3:17).[2]

원수는 하나님이 그분 백성들의 마음을 새로운 성전으로 세우셨다는 사실을 너무나 잘 알고 있다. 이런 면에서 보면 내가 앞서 기술한 황폐함과 3장에서 설명한 배교가 말이 된다. 원수는 우리의 마음을 황폐하게 하려고 안간힘을 쓰고 있다. 사탄은 예수님의 제자들의 마음을 더럽히려 든다. 이제 우리 마음속에 지성소가 있기 때문이다(이 땅에서는 그렇다. 하지만 물론 진짜 성전은 하늘에 있다).

우리는 수많은 사람들의 삶에서 이런 황폐함이 나타나는 것을 보았다. 이것이 내가 오늘 당신을 도우려는 이유다.

한 지인에게서 이런 편지를 받은 적이 있다.

오늘 아침 일찍 예수님께 이 문제를 놓고 집중적으로 물었습니다. 그러자 예수님은 황무지를 보여 주시며 이렇게 말씀하셨습니다. "이것이 황폐함이 인간의 마음에 가져오는 것이다." 공허해지고 메마르며 절망적이 되는 것이지요. 이것이 원수가 지난해와 올해 상반기의 트라우마를 통해 펼치고 있는 강력한 다음 행보입니다. 질병, 타협, 고립…… 하지만 뭐라고 콕 짚어서 말하기가 어렵네요.

코로나 팬데믹의 거센 후폭풍

코로나19의 악명 높은 후유증 중 하나는 미각과 후각의 상실이다. 이 증상이 몇 개월간 지속되는 경우도 있다. 내 지인 중 한 명은 음악을 좋아하는 밝고 명랑한 열다섯 살의 딸을 두고 있다. 그 아이는 전 세계의 다채로우면서도 맛있는 음식들을 좋아한다. 특히나 한국 음식을 좋아한다. 하지만 그 아이는 코로나로 미각을 잃어버리고 나서 '1년이 지난 뒤'에도 미각이 돌아오지 않았다. 그 아이는 먹는 즐거움을 잃어버렸다. 한두 주라면 참을 수 있겠지만 1년 넘게 지속되면 평생 그럴 것 같은 두려움이 밀려온다. 이런 취약한 상황에서 황폐함이 틈을 타고 뿌리를 내릴 수 있다.

우리는 코로나 팬데믹의 장기적 영향을 아직 파악하지 못하고 있다. 하지만 코로나 후유증 중 3분의 1은 6개월 이상 지속되는 것으로 보인다.[3] 내 주변에 1년 이상 코로나 후유증에 시달린 사람들이 꽤 있다. 이런 일을 겪으면 남은 회복력이 바닥이 나기 쉽다. 그러면 온갖 형태의 황폐함에 빠질 수 있다. 특히, 하나님께 실망하여 신앙을 떠날 위험이 있다.

로라 반 더누트 립스키는 트라우마 관리 연구소 설립자이자 소장이다. 에드 영의 말을 들어 보자. "립스키는 수십 년간 사람들이 자연 재해나 총기 난사 사건, 여타 위기의 결과를 헤쳐 나가도록 도왔다. 그녀에 따르면 첫 트라우마만큼이나 힘든 것은 사람

들을 무너뜨리는 후유증이다."⁴

이것이 내가 가장 걱정하는 상황이다. 거대한 후폭풍이 몰려오고 있다. 미국과 유럽에서 내가 아는 모든 치료 센터마다 대기자 명단이 길다고 한다. 정신 질환 위기가 세계를 휩쓸고 있다.

하지만 하나님 아버지는 우리가 이런 시대를 살 줄 알고 대비책을 마련해 주셨다.

점점 더 커지는 에덴의 영광으로 충만!

황폐함이 어떤 모습인지 궁금하다면 메마르고 척박한 광야를 떠올리라. 황폐함은 모든 것을 황무지로 만든다.

그렇다면 황무지의 정반대는 무엇일까?

바로 에덴동산이다! 하나님의 낙원, 우리의 고향, 사방에 영광스러운 아름다움이 넘치도록 흐르는 곳.

성경과 인류 역사의 흐름을 따라가면, 원수는 모든 것을 황무지로 바꾸고 싶어 하는 반면, 하나님은 모든 것을 회복된 에덴으로 만들고 싶어 하심을 확인할 수 있다. 황폐함을 이기는 회복력을 위해 하나님이 마련하신 방법 중 하나는 '에덴의 영광'이다. 그것은 우리 안에 있는 영광과 우리를 둘러싸고 있는 영광이다. 이 영광은 우리에게 초자연적 회복력을 제공하고 방패처럼 우리를 지켜 준다.

예수님이 물을 포도주로 바꾸셨던 가나의 혼인 잔치를 생각해 보라. 예수님은 종들에게 돌 항아리 여섯 개에 물을 가득 채우라고 지시하셨다. 항아리 하나에 100리터 정도의 물을 담을 수 있었다. 예수님은 이 모든 물을 한 방울도 남김없이 포도주로 바꾸셨다. 그것도 최상급 포도주로! 에덴동산 혹은 어린양의 혼인 잔치에나 있을 법한 포도주로 바꾸셨다! 잔치가 끝나 갈 무렵에 600리터의 최상급 포도주가 제공된 것이다(예수님은 정말 친해지고 싶은 분이다. 어떤 상황에서든 기쁨을 주는 법을 아시니까 말이다).

요한은 이 이야기를 전한 뒤에 이렇게 썼다. "예수께서 이 첫 표적을 갈릴리 가나에서 행하여 그의 영광을 나타내시매 제자들이 그를 믿으니라"(요 2:11).

예수님은 정확히 무엇을 나타내셨는가? 놀라운 풍성함으로 부족함과 상실을 이겨 낼 하나님의 초자연적 능력을 드러내셨다. 이것이 그분의 영광이다. 그분은 영광의 능력으로 그 기적을 행하셨다.

로마서에서 바울은 우리가 우리를 위한, 우리 안에 있는 하나님의 능력을 받을 수 있다는 점을 설명하고 있다. 그는 부활을 언급하면서 이렇게 말한다. "아버지의 영광으로 말미암아 그리스도를 죽은 자 가운데서 살리심과 같이 우리로 또한 새 생명 가운데서 행하게 하려 함이라"(롬 6:4). 예수님이 죽은 자 가운데서 살아

나신 것은 하나님의 영광을 통해서였다. 하나님의 영광, 회복시키고 부활시키는 하나님의 에덴의 영광.

이사야는 "그의 영광이 온 땅에 충만하도다"라고 말한다(사 6:3). 태양을 생각해 보라. 태양이 얼마나 놀라운가! 그 엄청난 광채와 아름다움. 태양은 우리에게 얼마나 많은 생명을 선사하는가! 태양은 하나님의 영광의 능력으로 충만하다. 세상 도처에 있는 바다와 숲을 생각해 보라. 얼마나 방대한가! 얼마나 생명으로 충만한가! 온 세상이 하나님의 영광으로 가득하다. 하나님의 영광은 생명을 주고 생명을 유지시키며 생명을 번식시키는 하나님의 능력이다.

하나님의 영광을 생각할 때 잘 모르겠다면 태양과 바다를 떠올리라. 물이 포도주로 변한 사건, 그리스도께서 죽은 자 가운데서 살아나신 사건을 떠올리라. 에덴동산을 떠올리라!

자, 이제 숨 막히게 놀라운 사실을 선포한다. 당신은 바로 이러한 하나님의 영광으로 충만해야 한다!

장막과 성전을 다시 생각해 보라. 구약에서 하나님의 영광은 처음에는 장막, 나중에는 성전에 충만했다. 광채와 아름다움, 회복의 능력으로 충만한 하나님의 영광이 그곳에 내려와 머물렀다. 그런데 지금 이 시대에 성전은 어디에 있는가? 바로 당신이 성전이다. 신약은 이 점을 분명히 선포한다. 이것이 바울이 다음과 같이 쓴 이유다.

우리가 다 수건을 벗은 얼굴로 거울을 보는 것같이 주의 영광을
보매 그와 같은 형상으로 변화하여 영광에서 영광에 이르니 곧
주의 영으로 말미암음이니라.

고린도후서 3장 18절

우리 인격의 변화와 인간성의 부활은 우리 안에서 일어나고
있다. 그것은 '우리 안에 있는 하나님의 영광' 때문이다(그렇지 않고
서 어떻게 이런 일이 일어날 수 있겠는가). NIV 성경은 이렇게 덧붙인다.
"계속해서 커지는 영광."

귀를 쫑긋 세우고 듣기를 바란다. 지금 우리에게는 하나님의
에덴의 영광, 회복시키고 생명을 주고 또한 유지시키는 하나님의
영광이 아주 많이 필요하다. 우리 안에 있는 예수님의 임재가 더
많이 필요하다. 우리는 하나님의 영광으로 충만해야 한다. 하나
님의 영광이 우리의 마음과 영혼을 가득 채워야 한다. 우리는 이
초자연적 은혜를 구할 수 있다. 그러니 있는 힘껏 구하자!

하나님의 에덴의 영광을 받으라

● 이 기도문을 큰 소리로 따라 읽으며 기도한 다음 계속해서 읽으라.

하나님 아버지, 예수님, 성령님, 주님의 영광을 제 존재 안에
받아들입니다. 바다를 채우는 영광, 태양을 유지시키는 영광을
받아들입니다. 그리스도를 죽은 자 가운데서 살리신 영광을
받아들입니다. 주님의 에덴의 영광을 제 마음과 영혼, 정신, 힘
에 가득 채워 주옵소서. 주님, 저는 주님의 성전입니다. 오셔서
주님의 영광으로 주님의 전을 채우시옵소서. 또한 주님의 에덴의
영광으로 제 삶에 닥치는 모든 형태의 황폐함에서 저를 보호해
주옵소서. 제가 받아들였던 크고 작은 황폐함에서 돌아섭니다.
이제 하나님을 선택합니다. 배교에서 돌이켜 주님을 선택합니다.
제 느낌과 상관없이 주님을 선택합니다. 주님은 제 하나님이요
구원자이십니다. 주님의 에덴의 영광을 제 삶에 가득 채워
주옵소서. 그래서 저를 회복시키고 새롭게 하는 초자연적인
인내와 회복력을 주옵소서. 또한 주님의 에덴의 영광이 제 삶과

가족, 지역사회를 지키는 방패가 되어 주옵소서. 주님의 영광,
주님의 사랑, 주님의 나라가 제 힘이요 방패가 되어 주옵소서.
온 하늘과 온 땅의 주재이신 주 예수 그리스도의 이름으로
기도합니다. 아멘.
주님, 감사합니다!

이 기도는 내게 더없이 중요한 기도가 되었다. 그래서 나는 "주님의 영
광, 주님의 사랑, 주님의 나라"를 종일 되뇌며 살아간다.

5 ×

풍성함
그 자체이신
하나님께 애착하다

충분히 가지지 못할까 봐 두렵다면

생존을 위협하는 상황에서 몰려오는 원초적 두려움은 충분히 가지지 못할지도 모른다는 두려움이다. 이 두려움은 인간 욕구의 근원에서 비롯한다. 음식이든, 물이든, 옷이든, 뭐든 자기 기준에서 '충분히' 가지지 못할까 봐 두려워한다. 강한 영혼의 소유자들조차 이 공포에 시달렸다.

제2차 세계대전 당시 루이스 잠페리니의 B-24 폭격기가 태평양에 추락했을 때였다. 폭격기에 타고 있던 열한 명 중 세 명만 살아남았다. 그들은 두 개의 구명보트에 기어올랐다. 각각의 고무보트에는 몇 가지 응급 물품들이 비치되어 있었다. 그 물품 중에는 아침저녁으로 한 사람당 한 칸씩 먹는 군용 초콜릿 바가 있었다. 그런데 구명보트에서 보내는 첫날 밤, 두 사람이 잠들자 나머지 한 사람은 자신이 충분히 먹지 못할지도 모른다는 원초적 두려움에 사로잡혔다. 그리고 결국 초콜릿 바를 남김없이 먹어 버렸다.

그다음 날 잠페리니는 눈부신 햇살에 잠이 깼다. 맥은 그 옆에 가만히 있었다. 나머지 한 명 필은 여전히 정신이 혼미한 채로 배 위에 누워 있었다. 잠페리니는 몸을 일으켜 앉아 구조대를 찾아 하늘과 바다를 훑어보았다.

오직 상어들만 배 주변을 헤엄칠 따름이었다. 잠페리니는 초콜릿 바 하나로 아침 배식을 하기로 결정했다. 그는 보트에 달린 주머니를 풀어 안을 들여다보았다. 이럴 수가! 초콜릿 바가 다 사라졌다! 보트 안을 샅샅이 찾아봤지만 초콜릿 바는 어디에도 없었다. 심지어 포장지조차. 순간 그의 시선은 맥에게서 멈추었다. 맥은 죄책감이 잔뜩 드리운 눈으로 그를 쳐다보았다.

순간 모든 사태가 파악되었다. 맥이 초콜릿 바를 다 먹어 버린 것이다. 잠페리니가 짧은 시간 동안 본 바로, 후미 기총수(tail gunner) 맥은 자신감이 좀 지나치고 다소 술을 좋아하긴 했지만 꽤 예의 바르고 친절한 남자였다. 하지만 위기가 닥치자 그는 단번에 무너졌다.[1]

충성되고 지혜 있는 종이 되어 주인에게 그 집 사람들을 맡아
때를 따라 양식을 나눠 줄 자가 누구냐
주인이 올 때에 그 종이 이렇게 하는 것을 보면 그 종이 복이 있으리로다
내가 진실로 너희에게 이르노니 주인이 그의 모든 소유를 그에게 맡기리라
만일 그 악한 종이 마음에 생각하기를 주인이 더디 오리라 하여
동료들을 때리며 술친구들과 더불어 먹고 마시게 되면.
마태복음 24장 45-49절

  팬데믹 기간 중 웃픈(?) 동영상 하나가 선풍적인 인기를 끌었
다. 어느 목사가 교인들에게 보낸 동영상이었다. 집에서 찍은 게
분명했다. 당시에는 모든 사람이 집에 갇혀 있었으니까. 동영상
에서 이 목사는 두려움 극복에 관해 진지하게 설교했다. "두려워
하지 마십시오! 주님이 만사를 다스리십니다!"

  그런데 아이러니하게도, 그 장면의 배경에는 두루마리 화장지
상자가 수북이 쌓여 있었다. 이것이 우리 모두의 현주소가 아닐

까? 회복력에 관해서 말은 그럴듯하게 하면서 실상은 충분히 가지기 위해 마구 움켜쥐는 우리 모두의 모습 말이다.

팬데믹이 터지고 처음 사람들이 두루마리 화장지를 사러 몰려 갔을 때만 해도 쓸데없는 짓이라고 생각했다. '호들갑은! 누가 보면 세계대전이라도 일어난 줄 알겠군. 다들 진정해.' 하지만 마트 선반이 텅 빈 것을 보고 나자 가슴이 덜컥했다. 나도 사재기 대열에 동참하지 않으면 신문지와 바나나 껍질을 사용해야 할지도 모른다는 불안감이 엄습했다.

사재기와 독식은 트라우마 생존자들이 보이는 전형적인 증상이다. 자연 재해(팬데믹은 자연 재해로 분류된다)는 이러다 충분히 가지지 못할지도 모른다는 원초적 두려움을 일깨운다. 그리하여 우리는 움켜쥐고 쌓아 두기 시작한다.

내가 2020년 가을부터 인터넷 쇼핑몰에서 얼마나 많은 물건을 사들였는지를 생각하면 낯이 뜨거워진다. 거의 매일같이 택배가 왔다. 팬데믹이 처음 발생했을 무렵 그 봄에는 버티려고 노력했다. 아내와 나는 마음을 단단히 먹고서 신앙생활에 집중하고 다른 사람들도 그렇게 하도록 도왔다.

하지만 시간이 갈수록 내 영혼은 안위를 갈망했다. 삶이 다시 좋아지기를 갈망했다. 그리고 무의식적으로 물건을 구매함으로써 그 갈망을 달래려고 했다. 수많은 사람들이 그렇게 했다. 나를 '기분 좋게 해 줄' 것들을 닥치는 대로 사들였다. 플라

이 낚시 미끼, 플란넬 셔츠, 캠핑 장비, 초콜릿, 쌍안경, 고급 녹차 등등.

우리가 이런 사재기를 해 대는 이유를 알고 있는가? B-24 폭격기 추락 당시 맥을 사로잡았던 두려움이 우리 안의 깊은 곳에서 작용하고 있기 때문이다. 내 안에도 그런 두려움이 있는 줄은 최근까지도 전혀 몰랐던 사실이다.

경제 위기, 죽음, 일상의 상실, 전혀 예측할 수 없는 미래. 이런 것이 한꺼번에 닥치는 대변혁은 우리를 두려움으로 몰아간다. 앞으로 내가 먹고살 수나 있을까? 내가 충분히 가질 수 있을까? 내가 풍성하게 살 수 있을까?

이런 시대에는 상실과 황폐에 조금만 노출되어도 와르르 무너질 수 있다. 그래서 하나님이 우리에게 주시려는 진정 아름다운 은혜가 중요하다.

어머니의 절대적 영향력

전장에서 상처를 입고 죽어 가는 병사에게서 가장 많이 나오는 말은 단연 "엄마…… 어머니!"다.

그럴 수밖에. 가장 어릴 적 기억 속에서 우리의 어머니는 모든 위안, 안전, 영양 공급, 도움의 근원이다. 어머니는 자비 그 자체다. 아동 발달의 측면에서는 어머니가 먼저고 아버지는 그다음이다.

자궁 속에서부터 우리는 모든 영양을 어머니에게서 공급받는다. 우리는 모든 면에서 어머니에게 의존한다. 임신 중 어머니의 감정, 특히 임신 사실과 배 속의 아이에 대한 감정은 그 아이의 감정에 영향을 미치며, 그 영향은 아이가 어른이 되어서도 계속된다. 태어나자마자 우리는 가장 먼저 어머니의 품에 안기며, 우리의 첫 애착 경험은 어머니와의 사이에서 이루어진다. 우리는 어머니의 젖 앞에 놓이고, 어머니에게서 생존에 필요한 모든 것을 받는다. 심리학자 로버트 캐런은 다음과 같이 말한다.

> 정서적으로 건강하여 자립적인 동시에 다른 사람들에게 의지할 줄도 아는 젊은이들은 부모가 모두 사랑이 많고 정서적으로 관대한 가정에서 자랐다. 그들의 어머니가 그들에게 완벽히 안전한 느낌을 주었다.[2]

모유가 아이의 발육에 미치는 영향은 엄청나다. 모유는 두뇌 발달을 촉진시키고, 온갖 감염에 대한 면역력을 키우는 데 중요한 역할을 한다. 모유가 영아 돌연사 증후군의 위험을 낮춘다는 사실은 연구로 증명되었다. 이외에도 어머니는 수많은 측면에서 아이의 성장과 발육에 지대한 영향을 미친다. 말 그대로 어머니에

게서 생명이 흘러나온다.[3]

필요한 것을 충분히 갖게 될지, 영양과 도움을 받을지에 관한 우리의 근본적이고도 직관적이며 원초적 확신은 어머니와의 관계에서 비롯한다. 특히, 어린 시절 어머니와의 관계가 중요하다. 정서적 애착은 젖을 먹는 시기에 시작된다.[4]

풍성함에 대한 확신은 우리가 어머니에게서 학습하는 것이다. 물론 학습한다는 말이 마치 글을 읽는 법을 학습하는 것처럼 너무 지적인 일인 듯 들리기는 한다. 하지만 분명 우리는 사랑을 학습한다. 우리는 필요한 것을 공급받는다는 확신을 학습한다. 아이가 젖을 양껏 먹을 때 영혼 깊은 곳에서부터 확신이 자란다. '내 필요는 중요해. 내 필요는 충족될 거야. 필요한 것을 충분히 가지게 될 거야.'

어린 시절에는 중요한 일을 또 한 가지 경험한다. 어머니는 자녀에게 '존재 자체에 대한 축복'을 해 준다. 어머니는 아이의 존재 자체를 축하한다. 아이의 존재 자체가 어머니에게 기쁨이다. 어머니는 영양 공급, 관심, 흐뭇해하는 모습, 사랑의 애착을 통해 아이의 존재를 축복한다. 이런 축복은 누가 시키지 않아도 어머니가 본능적으로 아이에게 해 주는 것이다. 로렌스 곤잘레스는 《생존》(Deep Survival)이란 책에서 다음과 같이 말한다.

심리학자들은 태어나면서부터 시작되는 인간의 가장 기본적인 욕구 중 하나로 누군가가 자신을 응시해 주기를 바라는 욕구를 꼽았다. 어머니가 특유의 고개를 기울인 자세로 오랫동안 아기의 눈을 바라보는 모습이 전 세계에서 관찰되었다. 누군가가 우리를 바라봐 줄 때 우리는 진짜가 된다. 봐 주는 사람이 없으면 우리는 아무것도 아니다. [광야에서] 길을 잃었을 때의 두려움 중 일부는 누구도 다시는 우리를 봐 주지 않을 것이라는 생각에서 오는 두려움이다.[5]

회복력은 충분히 사랑을 받고 우리의 굶주림이 넘치도록 만족될 때 온다. 나는 아이가 면역 체계를 가장 먼저 어머니에게서 받는다는 사실이 매우 깊은 의미를 지니고 있다고 생각한다.[6] 육체적·정서적·영적 측면 모두에서 하나님은 우리가 어머니와의 애착을 통해 회복력과 면역력을 얻도록 설계하셨다. 적어도 이것이 그분의 본래 계획이었다.

어머니 사랑에 대한 결핍

달라스 윌라드는 태어난 지 겨우 2년 반 만에 어머니를 떠나보냈다. 당시는 1938년이었다. 그의 부모님은 그가 태어나기 직전 세계 경제 대공황으로 파산했고,[7] 사업장을 잃은 그들은 시골에서 힘겹게 살아야 했다. 어느 날, 월라드의 어머니 메이미는 건초 수레에서 뛰어내리다가 큰 상처를 입었다. 수술이 잘못되는 바람에 그녀는 결국 회복하지 못했다. 그녀는 병원에서도 걱정하는 자녀들을 위해 편지를 썼다. 자녀를 정서적으로 안심시키려는 어머니의 모습을 보여 주는 아름다운 장면이다. 하지만 안타깝게도 그녀는 결국 집으로 돌아오지 못했다. 세 살도 채 되지 않은 이 작은 아이에게 어머니가 사라진 일은 "이해할 수 없는" 사건이었다. 장례식 때 어린 월라드는 어머니의 관 위로 기어오르려고 했다.[8] 나는 오랫동안 심리상담가로 일했지만 이보다 더 가슴 아픈 이야기는 들어 본 적이 없다.

어머니를 잃은 것, 어머니를 한 번도 보지 못한 것, 자녀를 제대로 보살피지 않는 어머니와 함께 사는 것은 자녀에게 어떤 말로도 표현할 수 없는 치명적인 상처를 입힌다. 많은 연구가 이런 피해 사례를 보고한다.

심리학자 로버트 캐런은 자식과 어머니 사이의 애착에 관한 연구들을 철저히 검토했다. 그러고 나서 어머니의 부재가 아이에게 미치는 초기 영향들을 매우 정확하게 보고했다. 다음 이야기는 이런 아이들에 관한 수많은 이야기를 단적으로 보여 준다.

우리는 이름 모를 어느 기관에 있다. 깜박거리는 흐릿한 화면에서 흑인 아기 제인이 보인다. 엄마는 3개월 뒤에 돌아오겠다는 말을 하고 떠난 직후다. 아기는 행복해 보인다. 낯을 가리지 않는 듯하다. 어린 관리자가 놀아 주니까 깔깔거린다.

이어서 일주일 뒤의 제인이 보인다. 이 아이가 같은 아이라는 사실이 충격적이다. 풀이 죽어 보인다. 시선이 불안정하다. 전혀 반응이 없다가 갑자기 두려움과 막막함에 눈을 잔뜩 찌푸리며 울기 시작한다.〔임상의는〕아이를 달랠 수 없다. 지독히 고통스럽게 발버둥을 치며 운다. …… 〔이런 증상은〕엄마가 없는 3개월 내내 지속되었다. 이 아이를 보자니 우리 자신이 상상할 수도 없는 깊은 슬픔을 경험하는 느낌이다.[9]

이 슬픔은 앞서 어린아이를 엄마의 관 위로 기어오르게 만든 것과 같은 종류의 슬픔이다.

캐런은 계속해서 어머니에 대한 사랑의 결핍이 완전한 버림받음보다는 훨씬 더 눈에 띄지 않는 영향을 미치지만 그 결과는 똑같이 참담하다는 점을 지적한다.

많은 아기들이 심지어 가장 어린 시절부터 엄마의 사랑을 제대로 받지 못하고 있다. 그 아기들의 엄마들은 대부분 냉담하고 아무런 반응이 없다. 그러한 엄마들은 손이 많이 가거나 신경질적인 아기의 필요를 제대로 채워 주지 않는다. 그 엄마들은 자신과 자신의 상실감에 너무 몰두한 나머지 자신을 온전히 내주지 않는다. 그리고 아기를 모질게 대하면서 수시로 화를 폭발한다.[10]

지금 우리는 깊고도 영적인 영역으로 들어가고 있는 것이다. 우리는 이 주제를 천천히, 아주 부드럽게 다룰 것이다. 그것은 이 상실이 예수님이 간절히 치유해 주고 싶어 하시는 상처이기 때문이다. 이 상처는 깊숙이 묻혀 있고, 어머니의 역할은 정말 신성하다. 그래서 자신의 삶 속에서 어머니 사랑에 대한 결핍을 이야기하기가 힘든 경우가 많다. 어머니가 '최선'을 다했다면 더더욱 그렇다. 다음과 같은 질문이 자신의 상처를 인식하고 하나님 앞으로 가져가는 데 도움이 될 것이다.

* 성인으로서 시련에 대한 나의 반응을 보면 내가 어릴 적에 모든 풍성함을 받았다고 확신할 수 있는가?
* 내 행동과 감정을 보면 내 욕구가 중요하게 여겨지고 있다는 절대적인 확신이 있는가? 내 욕구가 풍성히 채워질 거라는 확신이 있는가?

내 친구의 어머니는 지성과 에너지가 넘치는 매력적인 여성이다. 친구가 어릴 적에 그 어머니는 대학원을 다녔다. 이는 집에 없는 시간이 많았다는 뜻이다. 성인이 되고 난 뒤 친구는 자신의 어머니가 애착이 전혀 이루어지지 않는 사람이라는 사실을 깨닫게 되었다. 어머니는 내 친구에게 휴가, 좋은 음식, 좋은 책을 주었지만 정작 자신은 내주지 않았다. 어릴 적 내 친구가 갈망하던 근원적인 애착과 보살핌을 제공하지 않았다. 그는 나중에 내게 이런 편지를 보냈다.

몇 해 전 아내와 함께 뉴질랜드로 휴가를 갔네. 뉴질랜드의
시골에 가면 주변이 온통 양 떼 목장이라네. 사방이 양 천지이지.
우리가 갔을 때는 양들이 새끼를 낳는 봄철이었어. 한 어미
양이 새끼와 함께 있는 모습을 보았지. 둘은 함께 누워서 쉬고
있었는데 갑자기 어미 양이 일어나 풀을 뜯으러 목초지로 갔네.
그러자 새끼도 바로 일어나 내내 어미의 옆구리에 딱 붙어서
다니는 거야. 둘은 사실상 한 몸이었네.
이 모습을 유심히 보다가 깨달았지. 내 삶에서는 이런 일이 전혀
없었다는 것을 말이야. 내 삶을 아무리 들여다봐도 이런 모습은
찾을 수 없었네.
이 어린양을 보며 생각했어. '녀석의 어미가 아무것도 주지
않는다면? 어미가 언젠가 완전히 사라져 버린다면?' 바로 내
어머니가 그랬네. 어머니는 내가 아주 어릴 적에 일터에 가서
사실상 돌아오시지 않았지. 지금까지 내가 왜 어머니에게 특별히

애착을 느끼지 않는지 이상하게 생각해 왔네. 하지만 이제는 알겠어. 그것은 어머니가 내게 애착하지 않았기 때문이네.

말하자면 '엄마에게 받은 상처'다. 하지만 나는 상처보다 황폐함이 훨씬 더 정확한 표현이라고 생각한다. 우리의 영혼은 어머니에게서 육체적으로나 정서적으로나 자양분을 풍성하게 받아야 한다. 그렇지 못할 때 우리의 영혼은 가장 심각한 형태의 기근을 경험한다.

어머니, 어머니의 양육, 어머니 사랑과 관련해서 당신의 삶 속에는 무엇이 있는가? 너무 어려운 질문인가? 그렇다면 이런 질문으로 시작해 보라. 풍성함의 확신을 받았는가?

캐런은 연구 결과, 어머니 사랑의 결핍과 청소년 절도 사이의 직접적인 연관성을 발견했다. 뭔가를 강박적으로 훔치는 아이들, 소위 우리가 '문제아'라고 부르는 아이들의 과거를 들여다보면 하나같이 어머니 사랑에 대한 결핍이 나타난다.

그들 모두가 반복적이고도 강박적으로 훔치기는 하지만 그 아이들의 절도에는 특별한 목적이 없는 경우가 많다. 두 아이는 남들이 준 선물을 다 부숴 버렸다. …… 그 아이들은 자신들이 한 행동의 의미를 전혀 모르는 것처럼 보였다. 그들은 자신들이 왜 훔치는지를 몰랐다. 자신들의 절도가 남들에게 끼친 피해에

대해서는 전혀 의식하지 못했다. 어머니에게서 떨어진 아이는
…… 어머니의 사랑뿐 아니라 그 사랑의 증거를 갈망한다. 그래서
어린 나이에는 대개 우유나 음식, 혹은 음식 살 돈을 훔친다.
이것들은 그 아이들이 만족감과 연결 짓는 것들이다. 대개 그들은
엄마의 것들을 훔친다. …… 이것은 비극적이리만치 완벽한
상징적 행위다.[11]

가장 훌륭하다는 어머니들도 때로는 실수를 한다. 우리 모두
는 망가진 세상 속에서 사는 망가진 사람들이기 때문이다. 안전,
사랑, 축복, 자양분 공급에 대한 갈망이 채워지지 못하면 그 공백
은 성인기까지 이어진다. 내가 지적하고 싶은 것은 이런 원초적
욕구가 조금이라도 채워지지 못하면 황폐에 빠질 위험이 있다는
것이다.

새로운 애착으로서의 구원

2013년, 달라스 윌라드가 세상을 떠난 뒤로 그에 관한 많은
글이 쓰였다. 이 위대한 사람의 영향력은 계속해서 커질 것이다.
하지만 나는 무엇보다도 다음 이야기야말로 그에 관한 가장 중
요한 이야기라고 생각한다. 어머니의 관 위로 기어오르려던 작

은 아이를 떠올리면 다음 이야기가 특히 더 강력하게 다가올 것이다.

내 맞은편에 앉은 달라스 윌라드는 눈물이 글썽이는 눈으로 바닥을 응시했다. 그의 삶은 이제 몇 주밖에 남지 않았다. 하지만 그의 눈물은 자신의 삶에 관한 것이 아니었다. "작년에 배운 것이 내 평생 배운 것보다도 중요하네. 하지만 그 교훈에 관해서 쓸 시간이 없어. 내가 시작한 일을 최대한 마무리 해 볼 생각이네." 그는 나를 올려다보며 그렇게 말했다. 그가 우리가 나눈 대화를 생각하는 것인지 다른 무엇을 생각하는 것인지는 알 수 없었다. "이에 관해서 자네가 대신 좀 써야겠네." 그의 목소리는 변함 없이 일정하면서도 강한 열정이 서려 있었다. "여태껏 하나님과의 새로운 애착에 근거한 구원론은 들어 본 적이 없네."
......
인간의 뇌가 더 좋은 인격을 학습하도록 돕는 유일한 종류의 사랑은 애착을 통한 사랑이다. 우리 인격을 결정하는 뇌의 기능들은 무엇보다도 우리가 사랑하는 사람들의 영향을 가장 깊이 받는다. 뇌에 관한 한, 인격의 변화는 더 좋고 더 새로운 방식으로 애착하는 것을 의미한다.
이 깨달음에 윌라드는 눈물을 흘렸다. 인간의 애착의 질이 인간의 인격을 만들어 낸다면 하나님은 사랑을 말씀하실 때 바로

'애착'을 의미하신 것이 아닐까?[12]

달라스 윌라드의 이야기는 실로 아름답다. 세 살도 되기 전에 어머니를 떠나보낸 어린 소년에서 21세기 기독교계에서 가장 강력한 목소리 중 하나가 된 인물. 그는 말년에 가장 중요한 교훈을 발견했다. 그것은 구원이 새로운 '애착'이라는 것이다. 구원은 영혼이 사랑의 하나님과 사랑으로 연합하는 것이다.

우리는 하늘 아버지라는 말을 수없이 들었다. 하지만 인간의 발육과 성장에서는 어머니가 아버지보다 먼저다. 하나님이 우리에게 어머니도 되어 주신다는 사실을 발견하면 새로운 사랑의 세상이 우리에게 열린다. 그렇다. 하나님은 우리에게 오셔서 우리의 영혼을 치유해 주신다. 하나님은 우리에게 풍성함의 확신을 주기를 간절히 원하신다.

여인이 어찌 그 젖 먹는 자식을 잊겠으며 자기 태에서 난 아들을 긍휼히 여기지 않겠느냐 그들은 혹시 잊을지라도 나는 너를 잊지 아니할 것이라
이사야 49장 15절

하나님은 이 세상 어느 훌륭한 어머니보다도 더욱 자상하고 강하게 우리를 사랑하신다. 하나님이 어머니 역할, 어머니로서의

양육, 어머니의 사랑, 모든 인간 속에 있는 어머니를 향한 갈망을 창조하셨다는 사실을 기억하라. 하나님은 '어머니'에 관련한 모든 것의 근원이시다.

영혼이 진정으로 구원을 받으려면, 우리가 본향으로 가려면, 가장 먼저 어머니의 사랑을 통해 볼 수 있는 사랑의 애착을 필요로 한다. 우리가 육신의 아버지를 떠나 진정한 아버지가 계신 본향으로 가는 것처럼, 우리 육신의 어머니가 어떠했든 상관없이 우리는 하나님의 어머니 같은 사랑 안에 들어가야 한다.

이사야서의 마지막 장은 다가올 나라와 우리 주님의 재림에 관한 약속으로 정점에 이른다. 여기서 묘사된 소망은 더없이 아름답다. 그 소망은 에덴을 다시 찾으려는 우리의 갈망을 건드린다. 이 마지막 구절들에 어머니의 이미지와 어머니의 사랑이 얼마나 가득한지를 눈여겨보라.

> 너희가 젖을 빠는 것같이 그 위로하는 품에서 만족하겠고 젖을 넉넉히 빤 것같이 그 영광의 풍성함으로 말미암아 즐거워하리라.
> 이사야 66장 11절

풍성함에 대한 근본적인 확신을 주는 말씀이다! 여기에 모든 것이 다 있다. 젖을 먹음으로써 얻는 애착, 우리가 그토록 절박하게 필요로 하는 위로, 무한한 근원으로부터 넉넉히 마시는 것, 풍성함의 약속으로 우리의 영혼을 치유하는 것. 하나님은 우리 육신의 어머니가 어떠했든 상관없이 우리의 영혼을 위해 이렇게 해 주겠다고 약속하신다.

다음 구절에서 약속하신 그분의 자상하심을 보라.

> 너희가 …… 젖을 빨 것이며 너희가 옆에 안기며 그 무릎에서 놀 것이라 어머니가 자식을 위로함같이 내가 너희를 위로할 것인즉 …… 너희가 이를 보고 마음이 기뻐서 너희 뼈가 연한 풀의 무성함 같으리라.
>
> 이사야 66장 12-14절

"그 무릎에서 놀 것이라"라는 구절은 실로 감동적이다. 정말 인자한 어머니들이 자식을 꼭 껴안고 무릎 위에 앉혀 함께 놀면서 서로 깊이 애착되는 모습을 보았을 것이다. 바로 이런 것이 당신을 위한 것이다! 하나님은 어머니 같은 위로의 약속을 다시 해 주신다. 어머니와 같은 하나님의 사랑으로 우리는 풍성함에 대한 확신을 얻는다. 우리의 마음이 기뻐하고 우리의 영혼이 "풀의 무성함" 같게 된다.

이제 다시 귀를 쫑긋 세우고 들으라. 이 모든 것을 이해할 필요는 없다. 그리고 여기서 하나님이 제시하시는 '모든 것'을 받기 위해 육신의 어머니와의 엉킨 실타래를 다 풀어낼 필요는 없다. 새로운 사랑을 경험하면 과거는 자연스럽게 치유된다. 그러니 한순간도 더 기다리지 말고 지금 당장 이 사랑을 받아들이자.

하나님께 애착하라

애착에 관한 모든 연구에서 확인할 수 있는 좋은 소식은 애착 결핍을 치유할 수 있다는 것이다. 나아가 성숙한 성인들은 삶 속에서 깊고도 의미 있는 애착들을 형성할 수 있다.[13]

하나님이 개입하시면 이것이 더더욱 가능하다.

구약에서는 200번 이상 하나님을 '헤세드'로 묘사한다. 이것은 하나님이 우리에게도 원하시는 속성이다. "나는 인애(헤세드)를 원하고 제사를 원하지 아니하며"(호 6:6). 히브리어 '헤세드'는 '헌신된', '신실한', '변함없는 사랑'으로 번역된다. 여기서 하나님은 늘 우리와 함께 있는 애착의 사랑을 말씀하시는 것이 아닐까?[14]

이 질문에 대한 답은 "그렇다"이다.

어머니 사랑, 어머니 역할, 어머니의 필요성 같은 아름다운 것들을 생각하신 하나님은 우리에게 이렇게 약속하신다. "그들(어머니들)은 혹시 잊을지라도 나는 너를 잊지 아니할 것이라"(사 49:15).
"내 부모는 나를 버렸으나 여호와는 나를 영접하시리이다"(시 27:10).

우리의 애착 욕구, 어머니 사랑, 풍성함의 확신은 우리를 새로운 차원의 기쁜 경험들로 안내한다. 그 경험들은 우리가 오랫동안 익숙하게 들었던 말씀들에서도 발견된다. "나는 포도나무요 너희는 가지라 그가 내 안에, 내가 그 안에 거하면 사람이 열매를 많이 맺나니 나를 떠나서는 너희가 아무것도 할 수 없음이라"(요 15:5).

우리는 "가지"다. 가지는 스스로 지속적인 회복력의 원천을 갖고 있지 않다. 가지는 다른 원천에서 모든 생명력과 자원을 받아야 한다. 어린아이가 엄마의 젖에서 영양분을 공급받듯 가지도 영양분을 '받아야' 한다. 하나님은 생명의 샘이시다. 그것도 유일한 생명의 샘이시다. 그분의 영광스러운 생명이 매일 우리를 통해 흘러야 한다. 이 생명은 우리를 치유하고, 우리에게 창의성과 용기, 기쁨, 즐거움, 회복력을 가득 채운다. 이 생명은 애착, 사랑, 하나님과의 영적인 연합을 통해 찾아온다.

기독교 신앙의 목표는 단순히 교회에 출석하거나 특정한 교리적 신념을 부여잡는 것 그 이상이다. 모든 인간 영혼의 숙명은 '하나님과의 연합'이다.[15] 스코틀랜드 청교도 헨리 스쿠걸은 이렇게 썼다. "[그리스도인들은] 진정한 종교란 하나님과 영혼이 연합하는 것, 신성한 성품에 참여하는 것임을 경험해서 안다."[16]

오늘날 팬데믹이라는 시기가 주는 트라우마 속에서 우리는 하나님과의 사랑의 연합을 새롭게 이해하면서 새로운 희망을 품어야 한다. 그 연합은 어머니를 향한 갈망이 내재하는 우리의 깊은 곳에서 하나님께 '애착하는' 것을 의미한다.

> 애착에 관한 대화 중 월라드의 머리는 나보다 더 빠른 속도로 회전하고 있었다. 그는 이렇게 물었다. "구원 자체가 하나님과의 새롭고도 적극적인 애착이며 그 애착이 우리의 정체성을 형성하고 변화시키는 것은 아닐까?" 인간의 뇌에서 정체성과 인격은 우리가 사랑하는 사람에게 영향을 받는다. 애착은 강력하며 오래 지속된다. 관념들은 애착보다 훨씬 더 쉽게 변할 수 있다. 하나님과의 새로운 사랑의 애착을 통해 우리가 구원을 받고 우리의 정체성이 변화된다는 것은 구원을 매우 관계적으로 이해하는 것이다. 우리는 하나님의, 하나님에 대한, 하나님과의 애착의 사랑을 통해 구원과 변화를 함께 받는다.[17]

그래서 우리가 어떻게 해야 하는가? 우리는 하나님께 애착해야 한다. 하나님께 어머니와 같은 사랑을 요청해야 한다. 우리의 영혼 안에 있는 어머니 사랑을 향한 갈망이 있는 곳으로 들어가야 한다. 우리의 원초적 두려움이 있는 곳으로 들어가야 한다. 거기서 우리의 마음을 하나님께 열어 풍성함의 확신을 받아야 한다. 위기와 고난과 상실의 시대에 이것이 더없이 중요하다.

애착과 풍성함의
확신을 받으라

———————

● 이 기도문을 큰 소리로 따라 읽으며 기도한 다음 계속해서 읽으라.

제 영혼을 창조하시고, 모든 어머니의 사랑을 창조하시며,
어머니를 향한 갈망을 창조하신 하나님, 지금 주님이 필요합니다.

주님이 부어 주시는 어머니와 같은 사랑이 필요합니다. 풍성함의
확신이 필요합니다. 제 존재에 대한 축복이 필요합니다.
주님과의 깊은 사랑의 연합이 필요합니다. 주님이 애착을 위해
창조하신 제 영혼 깊은 곳에서 애착을 간절히 구합니다. 치유의
하나님, 어머니의 사랑을 갈구하는 제 영혼 안에 오셔서 저를
치유해 주옵소서. 제 육신의 어머니에 관한 상황을 주님께 열어

보입니다. 원초적 사랑, 원초적 영양 공급을 향한 갈망을 채워
주옵소서. 약속하신 대로 제게 생명을 공급해 주옵소서.

제 영혼을 창조하시고, 모든 어머니의 사랑을 창조하시며,
어머니를 향한 갈망을 창조하신 하나님, 원초적 연결을 원하는 제
갈망을 채워 주옵소서. 제 존재에 대한 축복을 원하는 제 원초적
갈망을 채워 주옵소서.
이 갈망을 다른 것에서 해결하려고 했던 것을 용서해 주옵소서.
이제 이 갈망을 온전히 주님께로 향합니다. 이 갈망을 주님께
열어 보입니다. 제 육신의 어머니를 용서합니다. 어머니를
용서하고 원망을 털어버립니다. 어머니와 같은 사랑과 생명을
제게 부어 주옵소서. 저를 위로해 주옵소서. 애착의 사랑으로
저를 채워 주옵소서. 풍성함의 확신을 주옵소서. 충분히 가지지
못할지도 모른다는 제 원초적 두려움 속으로 들어오셔서
풍성함의 확신을 가득 채워 주옵소서. 예수님의 이름으로
기도합니다. 아멘.

6 ×

여전히 부끄러운
구석구석에
그리스도를 모시다

위기, 내 진짜 모습을 드러내다

1966년의 에베레스트산은 산악인들에게 특히 생명을 앗아 가는 죽음의 산이었다. 맹렬한 폭풍으로 많은 산악인들이 산속 '죽음의 지대'(death zone)라는 곳에 갇히게 되었다. 북동부의 산마루에서 에베레스트 등정을 시도하던 세 명의 인도 산악인들은 무시무시한 눈보라에 발이 묶였다. 산 아래로 내려갈 수 없었던 그들은 아무런 은신처도 없이 산속에서 거친 폭풍을 그대로 맞으며 꼬박 밤을 보냈다.

이튿날 아침, 두 명의 일본 산악인들은 인도 산악인들과 같은 루트로 산을 올랐다. 그 시각, 인도 산악인들은 죽기 일보 직전이었다. 하지만 일본인들은 음식이나 물, 산소통까지 그 어떤 도움도 주지 않았다. 심지어 그들에게 말조차 걸지 않은 채 그냥 옆으로 지나가서는 몇 십 미터 위에서 휴식을 취했다. 일본인들은 정상을 밟은 뒤 내려오는 길에도 인도인들을 그냥 지나쳐 죽게 내버려 두었다.[1]

베드로가 바깥 뜰에 앉았더니 한 여종이 나아와 이르되

너도 갈릴리 사람 예수와 함께 있었도다 하거늘

베드로가 모든 사람 앞에서 부인하여 이르되

나는 네가 무슨 말을 하는지 알지 못하겠노라 하며 앞문까지 나아가니

다른 여종이 그를 보고 거기 있는 사람들에게 말하되

이 사람은 나사렛 예수와 함께 있었도다 하매

베드로가 맹세하고 또 부인하여 이르되 나는 그 사람을 알지 못하노라 하더라

조금 후에 곁에 섰던 사람들이 나아와 베드로에게 이르되

너도 진실로 그 도당이라 네 말소리가 너를 표명한다 하거늘

그가 저주하며 맹세하여 이르되 나는 그 사람을 알지 못하노라 하니 곧 닭이 울더라.

마태복음 26장 69-74절

생존의 위협을 받는 상황은 사람들에게서 최상의 모습과 최악의 모습을 끄집어낸다. 압박이 극심한 상황에서 우리가 누구인지, 우리가 누구를 사랑하는지, 우리가 하나님을 얼마나 철저히 믿는지가 여실히 드러난다.

물론 이에 관한 이야기로 베드로와 새벽 닭에 얽힌 이야기를 생각할 수 있다. 하지만 또 다른 이야기도 있다. 초대 교회의 모습에서 특히 충분히 가지지 못할지도 모른다는 두려움을 엿볼 수 있다. 당시는 세상의 압박이 거센 시기였다. 부흥이 일어나는 반면 핍박도 거셌다. 그런 압박 상황에서 아나니아와 삽비라의 진짜 모습이 드러났다.

그들은 재산의 일부를 팔아 헌금을 했다. 문제는 재산을 처분한 현금의 일부를 자신들의 몫으로 챙기고서 전부를 가난한 사람들에게 나누어 준 '척'했다는 것이다. 그들은 이기적으로 살면서도 이타적으로 보이고 싶어 했다. 그들의 문제점은 이중성이었다. 충분히 가지지 못할지도 모른다는 두려움이 그들로 재물을 챙기게 만들지 않았나 싶다. 설상가상으로 그들은 그 사실을 사도들에게 숨겼다. 그들은 단 한 푼도 챙기지 않았다고 거짓말을 했다. 그 결과는 실로 참담했다.

압박은 모든 것을 표면 위로 드러낸다.

군대 체험 프로그램 역시 바로 이런 효과를 낸다. 군대 체험 프로그램은 모든 가식을 걷어 내고 우리 안에 진짜로 무엇이 있는지, 우리가 어떤 사람인지를 드러내게 한다. 인기를 끌고 있는 야외 리더십 활동 프로그램도 비슷한 목표로 이루어진다. 다만 강도는 훨씬 더 약하다. 이 프로그램은 참여자들을 안락의 문화와는 완전히 동떨어진 오지에 내려놓고 한계 상황까지 몰아가 그들에게서 무엇이 나오는지를 확인한다. 그런 상황에서 우리에게서 나오는 것들은 대개 우리가 세상에 보여 주고 싶지 않은 것들이다.*

---

* 결혼 생활과 자녀 양육도 이와 같은 효과를 낸다. 다만 속에 있는 것이 드러나기까지 몇 주가 아니라 몇 년이 걸리며, 공개적으로 드러나지 않는다. 즉각적으로 드러나지 않는다. 어쨌든 결혼 생활과 자녀 양육은 내가 누구인지를 적나라하게 드러낸다. 이런 어려움에서 나오는 반응은 내가 누구인지를 보여 주는 가장 중요한 지표 중 하나다.

나는 야생 생존 리얼리티 쇼를 즐겨 본다. 야생을 동경해서가 아니라 상담가로서 압박 상황에 처한 인간의 내적 세상을 날것 그대로 들여다볼 수 있기 때문이다. 리얼리티 쇼에서는 누구나 용감한 표정을 지을 줄 안다. 하지만 내가 보고 싶은 것은 표정 아래에 가려져 있는 것이다. 이런 리얼리티 쇼를 본 적이 있다면 그 속에 숨은 것을 본 적이 있을 것이다. 참가자들의 가장 큰 적은 추위나 굶주림이 아니라 바로 내면의 악이다.

내가 이 이야기를 꺼내는 것은 우리가 지금의 이 시련의 시기에 우리 영혼의 '면역 체계'를 강화하려고 노력하는 중이기 때문이다. 우리 안에 벌써부터 저항하는 힘들이 자라고 있다. 이것들을 그리스도 앞으로 가져가지 않으면 우리의 타락한 모습이 적나라하게 드러난다.

매력 넘치는 그분의 거룩하심

평강의 하나님이 친히 너희를 온전히 거룩하게 하시고 또 너희의 온 영과 혼과 몸이 우리 주 예수 그리스도께서 강림하실 때에 흠 없게 보전되기를 원하노라.
데살로니가전서 5장 23절

내가 정말 좋아하는 말씀이다. 성령으로 내 존재 전체가 순결해지리라는 소망. 생각할수록 가슴이 벅차다.

물론 '거룩함'이라는 단어가 많은 사람에게 부담스럽게 느껴지는 것을 잘 안다. 하지만 예수님의 아름다운 삶과 인격을 보면 생각이 달라지리라. 예수님은 완벽한 선함 그 자체였다. 그분의 인격은 사람을 끄는 매력이 있다. 그분이 사람들과 관계를 맺는 모습을 볼 때마다 진정한 거룩함을 볼 수 있었다. 모두에게 이용만 당하고 버려진 여성들이 그분께 찾아와 그분 발치에 엎드렸다. 그들을 사랑해 준 사람은 오직 예수님뿐이었다. 때로 군중은 그분을 사랑하기도 했지만, 결국 그분의 사형을 외쳤다. 하지만 그분의 마음은 흔들리지 않았다. 복음서들에서 예수님의 선하심을 보면 실로 매력적이다.

극심한 시험의 시간이 왔을 때 그 선하심은 그분의 방패가 되었다. 성전의 경비병들이 그분을 잡으러 오기 직전, 긴박한 상황이 닥치기 직전, 예수님은 제자들에게 이렇게 말씀하셨다. "이후에는 내가 너희와 말을 많이 하지 아니하리니 이 세상의 임금이 오겠음이라 그러나 그는 내게 관계할[책잡을] 것이 없으니"(요 14:30).

원수는 예수님을 공격하려고 모든 술책을 동원했다. 유혹, 거부, 위협, 충분히 가지지 못할지도 모른다는 두려움, 심지어 고문까지. 하지만 그 어떤 방법도 통하지 않았다. 사탄은 예수님 안에서 책잡을 것을 전혀 발견하지 못했기 때문이다. 책잡을 것이 단 하나도 없는 완전무결을 상상하라.

이런 선하심의 만분지일을 얻는 것조차 불가능하게 느껴질 수 있다. 하지만 기독교 신앙의 약속은 하나님이 '반드시' 우리 안에 예수님의 선하심을 낳아 주시겠다는 것이다. "나의 자녀들아 너희 속에 그리스도의 형상을 이루기까지 다시 너희를 위하여 해산하는 수고를 하노니"(갈 4:19).

하나님이 우리 안에서 역사하시는 목적은 예수님이 우리 안 구석구석까지 충만히 거하시도록 만드는 것이다. 단 한구석도 남지 않도록. 저항하는 힘이 단 하나도 없도록(아, 그리고 혹시 눈치챘는가? 바울은 성령을 통해 이 귀한 그리스도의 제자들을 아름다운 목표를 향해 이끄는 '어머니 역할'을 맡았다. 즉 그는 그들을 위해 "해산하는 수고"를 했다).

이 극심한 시련의 시기에 우리는 "온전히 거룩하게" 되고 우리의 "온 영과 혼과 몸이 …… 흠 없게" 되도록 노력해야 한다(살전 5:23). 한 가지 기억해야 할 사실이 있다. 시험과 배교는 대개 마음속에서 매우 미묘하게 일어난다. 마음이 하나님에게서 다른 위안거리들로 조금씩 이동한다. 하나님께 대한 실망감이 조용히 자라난다. 황폐함의 초기 단계가 나타난다. 대부분의 시험이 이런 식으로 진행된다. 하지만 그 이면의 운동력은 산사태처럼 엄청나다.

C. S. 루이스의 개인 비서였던 월터 후퍼는 옥스퍼드대학 교수이자 《나니아 연대기》(The Chronicles of Narnia)의 작가인 루이스를 "내

가 만난 사람 가운데 가장 완벽하게 회심한 사람"이라고 증언했다.[2] 다른 사람들이 당신에 관해서 이렇게 말한다면 얼마나 좋겠는가. 루이스는 마음과 영혼, 정신, 힘까지 존재 전체가 예수 그리스도로 충만했던 사람이다. 산산조각이 났던 그는 그리스도 안에서 '거의' 온전해졌다(거의! 그것은 그리스도께서 다시 오시기 전까지는 아무도 완벽히 온전해질 수 없기 때문이다. 하지만 거의만 해도 어마어마한 것이다). 같은 이유로 많은 사람이 달라스 윌라드에게 매료되었다.

이 주제에 관해 잠시 이야기해 보자. 그리스도인들이 이 개념을 알고는 있지만 안락의 문화는 우리를 다른 목표 쪽으로 유혹하기 때문이다. 그리스도인의 인생의 진정한 목표는 주위 친구와 가족이 아는 사람 중에서 가장 철저하게 회심한 사람이 되는 것이다. 당신의 마음은 당신에게 그렇게 말하고 격려하고 있는가, 아니면 다른 목표를 추구하고 있는가? '그저 삶이나 다시 좋아졌으면 좋겠어. 성경이 말한 마지막 때 같은 건 다음 세대에나 찾아왔으면 좋겠어.' 당신의 마음은 이렇게 안락을 추구하고 있는가? 저런, 남 이야기 같지 않다.

인간의 마음을 둘러싼 전쟁은 사탄과 예수님 사이의 전쟁이라고 할 수 있다. 사탄은 우리의 마음을 사로잡기 위해 모든 형태의 유혹과 위협을 사용하고 있다. 반면, 사랑의 예수님은 우리 안에 일편단심의 사랑을 형성하기 위해 모든 수단을 동원하고 계신다. 이 전쟁은 대개 일상 속에서 수만 가지 작은 선택을 통해 펼쳐진다. 우리는 극심한 시험이 닥치기 '전에' 하나님을 향한 일편단심을 길러야 한다.

시어도어 루스벨트는 산전수전을 거치면서 마지막 거대한 모험을 할 준비를 갖추게 되었다. 그 모험은 바로 원시적인 카누를 타고 아마존강의 미개척 지류를 따라 내려가는 일이었다. 그가 말을 타고 다코타 배드랜즈를 횡단할 당시, 샘이 말라 있는 바람에 물 없이 그 여정을 견뎌 낸 경험이 있었기에 그는 나름 충분히 준비가 되어 있었다. 그리고 이런 사전 준비는 꼭 필요한 것이었다. 그는 아마존 모험에서 거의 죽을 뻔했기 때문이다.

루스벨트의 사냥 여행에 관한 이야기도 놀랍다. 그와 그의 가이드가 산속으로 들어갈 때 마차가 몇 번이나 진흙에 빠졌다.

> 말들이 두 번째로 고꾸라졌을 때 복부까지 늪에 빠졌다. 늪은 얼음장처럼 차가웠고, 하늘 위로 매서운 바람이 불어 댔다. 늪의 구멍들은 살얼음으로 덮여 있었다. 말들을 구해 내고 마차의 짐을 내리느라 고통스러운 두 시간이 훌쩍 지나갔다. …… 내 일행은 내내 더없이 침착한 모습을 보이며 …… 휘파람으로 〈아칸소 여행자〉(Arkansas Traveller)를 불었다. 한번은 얼음장 같은 진흙에 허리까지 빠졌다. 설상가상으로 진눈깨비와 우박이 쏟아지기 시작했다. 나는 "어휴, 웬 비바람이람?"이라고 투덜거렸다. 그러자 그는 잠시 휘파람을 멈추고 간결하게 대꾸했다. "우리는

이번 여행에 어휴를 데려오지 않았소."[3]

시련은 어떤 난관도 극복할 수 있는 사람으로 단련시킨다. 시련은 우리 자신의 이야기를 다시 해석하도록 도와준다. 과거의 시련은 우리 안에 회복력을 길러 준다.

미움에 잠식당하지 않도록

예수님은 세상의 종말의 때의 시련을 설명하시면서 미움에 관해 몇 번이나 경고하셨다. 예수님은 그 시대에는 사랑을 유지하기가 매우 힘들 것이라고 경고하셨다. "그 때에 많은 사람이 실족하게 되어 서로 잡아 주고 서로 미워하겠으며 …… 불법이 성하므로 많은 사람의 사랑이 식어지리라"(마 24:10, 12).

이 구절이 지금 이 시대를 묘사하는 게 아니라면 어느 시대를 묘사하는 거란 말인가! 요즘 온라인에서 의견 하나만 내면 사방에서 독한 보복이 날아온다. 요즘 사람들은 거칠고 모질다(트라우마의 후유증이다). 모든 공적 논쟁에 미움이 가득하다. 한때 아름다웠던 교회가 대면 예배냐 온라인 예배냐, 마스크를 쓰느냐 쓰지 않느냐, 백신을 맞느냐 맞지 않느냐의 문제로 갈가리 찢긴 경우를 많이 보았다. 교회 출석률은 코로나 이전의 50퍼센트 이하로 떨어졌다.

많은 교회가 겨우겨우 버티는 실정이다. 사랑이 식었다.

2020년 전 세계적인 트라우마 이후 우리 동네 도로에서 이전과 다른 현상을 발견했다. 눈에 띄는 두 종류의 운전자들이 나타나기 시작했다. 먼저, 극도로 소심한 운전자들이 나타났다. 그들은 파란불이 들어왔는데도 머뭇거리다가 극도로 조심스럽게 앞으로 갔다. 마치 끔찍한 교통사고가 일어나기 직전인 것처럼 굴었다. 질병에 대한 두려움에서 시작된 것이 삶의 전반에 걸친 낮은 수준의 불안감으로 발전했다.

또한 정반대의 폭주족들이 나타났다. 그들은 내 차 뒤까지 날아와(제한속도보다 시속 30킬로미터 더 빨리 달렸기 때문) 기회만 생기면 나를 추월할 것처럼 바짝 붙어서 따라왔다. 두려움과 분노는 둘 다 트라우마 반응의 일부이며, 지금 이 두 가지 현상이 정말 많이 나타나고 있다.

나도 그들 중 하나다. 단, 운전할 때 나의 분노는 '자기 의'에 더 가깝다. 나는 앞 차에 위험할 정도로 바짝 붙어서 쫓아오다가 추월하지 말아야 할 곳에서 추월하는 폭주족들을 '미워한다.' 그들이 나를 쫓아오면 일부러 더 늦게 가서 그들의 속도를 제한속도 이하로 억지로 낮출 것이다. 그렇다 해도 내 마음속의 미움은 엄연히 미움이다.

우리 모두는 트라우마를 안고 있다. 우리 모두는 망가진 사람들이다. 우리는 내적 약점, 망가진 구석, 아직 회심하지 않은 구석들에서 무너지고야 만다. 환멸이나 실망 같은 감정 쪽으로 이미 기울고 있는 부분이 있으면 그 틈으로 황폐가 파고든다. 따라서 우리는 하나님과의 아름다운 애착과 풍성함의 확신을 추구함으로써 황폐에 빠지지 않도록 자신을 강하게 만들어야 한다.

하나님은 우리가 우리의 온 존재에 대해 이런 노력을 기울이기를 원하신다. 우리가 온전히 그분 것이 되기 전까지는 안전하지 않다.

성숙은 더 이상 선택 사항이 아니다. 온전한 마음은 더 이상 없어도 그만인 것이 아니다. 우리 안의 약한 구석들은 하자 있는 다리나 제대로 당기지 않은 활처럼 언젠가 반드시 문제를 일으킨다.

거룩해지는 여정에서

"그런 시대에 어떻게 살아남을지 도대체 모르겠습니다." 지금이 말세일 가능성에 관한 대화를 나눌 때 많은 사람이 내게 그렇게 말했다.

잊지 말라. 좀비가 거리를 배회하는 식의 말세는 없다. 우리는 이미 힘든 시기를 겪었다. 그래서 우리는 압박 속에서 사는 것이 무슨 의미인지를 이미 어느 정도는 알고 있다. 대부분의 사람들이 '모르는' 것은 그런 상황에서 표면 위로 드러난 것들을 과연 어떻게 해야 하느냐는 것이다.

오래전에 상담해 준 한 기독교 리더가 생각난다. 매우 신실한 사람이었던 그는 최근 내게 이런 편지를 보내 왔다. "왜 이렇게 됐는지 모르겠습니다. 이전에는 바람 피울 생각을 해 본 적도 없습니다. 그런데 여섯 달 전부터 그런 유혹에 시달렸고, 점점 버티기가 힘들어지고 있어요. 아직 항복하지는 않았지만 제 마음속에서 무슨 일이 벌어지고 있는지 저조차 도대체 이해할 수가 없습니다."

삶이 다시 좋아지기를 바라는 갈망 탓에 우리는 온갖 타협에 취약해지고 있다. 이 문제로 고민하는 이에게 도움을 주고 싶다. 먼저, 압박 때문에 갑자기 분노하거나 흥청망청하거나 믿음을 잃거나 단순히 이전보다 훨씬 못한 모습이 되었다 해도 그러한 자신에게 너무 충격을 받거나 심한 수치심에 빠지지 말라. 구원은 단순히 한 차례의 사건이 아니라 과정이기 때문이다.

물론 구원은 '귀향'이 분명하다. 구원은 사건으로 시작된다. 구원은 처음 우리의 온 마음을 예수님께로 향할 때 시작된다. 우리는 그분께로 나아가 자비를 얻는다. 우리는 그분을 완전히 무시하며 살았던 삶을 놓고 그분께 용서를 구한다. 그분을 구세주로서 우리의 삶으로 초대한다. 그리고 우리의 모든 것을 그분께 내려놓는다. 우리 삶의 보좌를 그분께 넘긴다. 이것은 귀향이다. 우리 아버지께서는 우리의 귀향을 너무 기뻐하며 잔치를 열기 원하신다(사실, 천사들은 우리의 귀향을 기념하는 잔치를 '이미' 열었다-눅 15장).

우리의 귀향은 인생을 완전히 변화시키는 사건이다. 하지만 안타깝게도 인생의 변화는 '즉시' 이루어지는 것이 아니다. 단번에 완전한 변화가 이루어지지는 않는다. 그것은 구원이 그리스도와의 연합을 통해 우리의 타락한 인간성이 새롭게 창조되는 것, 우리의 삶이 회복되는 것이기 때문이다. 그리고 그 일은 시간을 두고 서서히 일어난다.

> 의인의 길은 돋는 햇살 같아서 크게 빛나 한낮의 광명에 이르거니와.
> 잠언 4장 18절

> 그가 거룩하게 된 자들을 한 번의 제사로 영원히 온전하게 하셨느니라.
> 히브리서 10장 14절

이 구절들은 분명 과정을 함축하고 있다. 동이 터서 한낮의 광명까지 이른다. 우리는 거룩해지고 있다. 하지만 성경에서 굳이 말해 주지 않아도 우리는 이미 이 과정을 매일 경험하고 있다.

우리의 일부는 그리스도께서 우리 안에 거하시는 모습을 보여 주고 있다. 하지만 다른 부분은 사실상 이방인과도 다름없다(우리의 운전 습관, 흥청망청 먹고 마시기, 미디어 소비, 악한 공상, 삶이 다시 좋아지기를 원하는 갈망을 중독적인 방식으로 추구하는 모습에서 분명하게 드러난다). 어떻게 한 사람 안에 이 두 가지 모습이 공존할까?

그것은 우리가 스테인드글라스와 같기 때문이다. 우리는 망가진 가운데서도 아름답다. 하지만 우리는 수많은 깨진 조각들로 이루어져 있다.

모든 사람이 분열되어 있다. 사도 바울이 고백한 대로, 내 일부는 하나님을 사랑하지만 내 일부는 반항한다(롬 7장). 이 현실을 직시한 다윗은 이렇게 부르짖었다. "일심으로 주의 이름을 경외하게 하소서"(시 86:11). 이것이 구원이 '과정'인 이유다. 이 사실을 기억하면 우리의 회심하지 않은 부분들이 갑자기 나타나더라도 자신을 너그럽게 대할 수 있다. 분노나 원망, 불신 같은 것이 우리 내면 깊은 곳에서 툭 튀어나오더라도 우리의 구원이 허상은 아니기 때문이다. 그것은 단지 우리의 일부가 아직 그리스도와 연합하지 않았을 뿐이다. 따라서 그 부분을 그리스도께 어떻게 연합시킬지를 고민하는 것이 중요하다. 우리는 거룩함에서 비롯하는 회복력이 절실히 필요하다.

진정한 구원

또한 예수님은 이런 비유를 사용하셨다. "천국은 마치 여자가

가루 서 말 속에 갖다 넣어 전부 부풀게 한 누룩과 같으니라"(마 13:33).

누룩은 반죽 속으로 들어가 서서히 빵 전체에 영향을 미친다. 여기에 담긴 약속은 이것이다. 예수님은 우리의 존재 전체에 역사하신다. 예수님은 누룩이시다. 우리 속에 있는 예수님의 아름다운 생명은 우리의 존재 전체로 퍼져 나가 우리를 진정으로 구원한다. 바로 이것이 구원의 진정한 의미다. 구원은 우리 안에 계신 그리스도 덕에 우리의 존재 전체가 변하는 것이다. 구원은 우리가 치유되고 새로워지고 그리스도의 생명이 우리 안으로 가득 스며드는 것이다.

19세기 스코틀랜드의 작가이자 목사인 조지 맥도널드는 이렇게 말했다.

예수님의 구원이 죄의 형벌로부터의 구원이라는 개념은 거짓되고 천박한 개념이다. 그리스도의 구원은 비열한 성향 혹은 죄를 배우는 것으로부터의 구원이다. 그것은 하나님의 사고와 감정이라는 깨끗한 공기 속으로 구원을 받는 것이다. 그것은 마음을 깨끗하게 만드는 구원이다. 우리의 의지와 마음의 선택을 순결하게 만든다.[4]

지치고 힘든 이 시기에 하나님이 아직 그리스도께 연합되지 않은 부분들을 밝히고 다뤄 주실 때 우리는 그 과정에서 전심으로 협력해야 한다. 그럴 때 그 부분들이 그리스도께 연합될 수 있다. 이것은 극심한 압박의 상황에서 우리 속에서 나오는 것들을 바라보는 새로운 시각이다. 이것이 군대 체험 프로그램과 야외 리더십 활동 프로그램 효과가 그토록 좋은 이유다. 이런 활동은 우리의 약한 부분들을 실시간으로 다룰 기회를 제공해 준다. 기독교도 마찬가지이며, 다만 그리스도인들은 산과 들로 나갈 필요도 없다.

아직 회심하지 않은
구석들을 회심하라

오, 예수님, 진정한 구원을 간절히 구합니다.

● 나는 이런 기도를 드려 왔다. 나는 거의 50년 동안 그리스도인으로 살았다. 내가 하나님의 사랑 안에 있다고 확신한다. 내가 용서를 받았다고 확신한다. 하지만 내 안의 이런 회심하지 않은 구석들이 표면으로 나타날 때마다 안타깝다. 나는 단순히 용서만 받고 싶지는 않다. 진정한 구원을 받고 싶다. 그리스도께서 내 존재 전체로 스며드는 구원.

이 구원은 대개 이런 식으로 이루어진다. 원망이나 정욕 같은 것이 겉으로 드러난다. 그 순간, 나는 진정한 구원을 위해 기도한다. 나의 이 부분도 완전히 회심하게 해 달라고 기도한다. 이렇게 차근차근 나아가면 된다.

도망치지 말라. 숨기지 말라. 주님의 모든 것은 이미 하나님께 적나라하게 드러나 있다. 본능적인 반응은 드러난 것에 무화과 잎을 덮는 것이다. 그래 봐야 도움이 되지 않는다. 드러난 채로 있으라. 그 부분에 대해 그리스도가 필요하다.

회심하지 않은 영역으로 들어가라. 그것을 느끼고 그것을 빛 가운데로 열어 보이라. 이것 역시 당신의 일부다. 그러니 그 한복판으로 들어가라. 그 부분의 문을 그리스도께 열고 싶다고 아뢰라. 그러면 그 문이 그 안에서 열릴 것이다.

주님, 이것이 제 모습입니다. 미움과 정욕과 분노로 가득합니다.
이 모습이 보입니다. 이 모습이 느껴집니다. 이제 이 부분을
주님께 엽니다. 주님, 이 부분에서 저를 구원해 주옵소서.

예수님께 "이 부분에서 저를 구원해 주옵소서"라고 요청하는 것은 단순히 "죄송합니다"(물론 이 고백도 필요하지만)라고 말하는 것에서 훨씬 더 나아가는 것이다. 단순히 사과하고 앞으로 더 잘하겠다고 약속하는 것으로는 부족하다. 이 부분이 예수 그리스도와 연합하기를 추구해야 한다. 그렇게 되면 그분의 품 안에서 새롭게 창조될 수 있다. 우리 안에 성화되지 않은 구석이 있다고 해서 천국에 갈 보장을 잃는다는 말은 아니다. 전혀 그렇지 않다. 하지만 구원은 새로운 창조이기도 하다. 이런 의미에서 우리는 아직 온전히 그분 것이 아니다.

오, 예수님, 이 부분에서 저를 구원해 주옵소서. 제 안에 있는
이 회심하지 않은 부분을 주님께, 주님의 내주하심을 향해
엽니다. 이 부분에서 저와 연합해 주옵소서. 이 부분에도 거하여
주옵소서. 이 부분이 온전히 회심하기를 원합니다.

그런 다음, 잠시 멈추라. 무엇이 필요한지 예수님께 여쭈라. 내려놓아야
할 거센 저항이 있는가? 이 부분에서 뭔가를 내려놓아야 하는가? 시시비비
를 가리고 싶은 마음이나 복수심, 위안을 찾기 위한 자신만의 수단(중독)을
내려놓아야 하는가?

예수님, 무엇이 또 필요합니까? 주님과 어떻게 협력할지 알려
주옵소서. 예수님, 제 안에서 아직 주님과 연합하지 않은
모든 부분과 연합해 주옵소서. 내 온 존재를 주님과 연합한
하나의 사람으로 통합시켜 주옵소서. 제 존재 전체가 주님과
완벽히 연합하기를 기도합니다. 오직 주님만이 제 구원이시기
때문입니다. 지금 진정한 구원을 구합니다. 이 부분에서 주님의
거룩하심을 구합니다. 예수님의 이름으로 기도합니다. 아멘.

당신의 마음을 기쁨 쪽으로 회복시키는 데 도움이 되는 이야기를 한 가지 더 하고 싶다. 우리의 원수는 미움으로 가득하며, 세상을 향해 미움을 보내고 있다. 원수는 성도들의 마음을 특히 강하게 공격한다. 필시 당신도 원수의 이 공격을 느꼈을 것이다. 물론 당신은 그것을 영적 공격으로 여기지 않았을지 모르지만. 이 공격은 자신을 향한 경멸, 비하, 비난으로 나타난다. 그 공격은 패배감, 특히 하나님이 우리를 사랑하신다는 놀라운 진리에 대한 망각의 형태로 찾아온다. 미움의 '영'에게서 오는 이런 공격은 우리의 마음과 영혼을 관통한다. 또한 원수는 우리가 누군가 혹은 뭔가를 미워하게 한다.

혼자 다짐해서는 이런 공격을 물리칠 수 없다. 영적 공격을 막아 내려면 하늘의 능력이 필요하다. 그리고 온 우주에 하나님의 사랑보다 더 큰 능력은 없다. "여호와여 주는 의인에게 복을 주시고 방패로 함같이 은혜로 그를 호위하시리이다"(시 5:12).

우리 사역 팀은 기도를 통해 하나님의 사랑으로 모든 미움을 '공격하는' 것이 매우 효과적이라는 사실을 발견했다.

> 모든 미움을 내려놓습니다. 어떤 형태로든 미움을 품었던
> 마음을 내려놓습니다. 미움에 협력하거나 참여하려는 마음을
> 모두 내려놓습니다. 저를 향해 오는 미움도 모두 내려놓습니다.
> 제 삶에서 미움을 몰아내겠습니다. 아버지께서는 저를
> 사랑하십니다. 주 예수 그리스도께서는 저를 사랑하십니다.

사랑의 길을 선택하겠습니다. 사랑을 선택하겠습니다. 그래서 이제 저를 공격하는 모든 미움을 주님의 강하신 사랑으로 공격하겠습니다. 아버지, 아버지의 사랑의 방패로 제 마음과 영혼을 모든 미움의 공격으로부터 보호해 주옵소서. 예수님의 이름으로 기도합니다. 아멘.

7 ×

진짜 왕이 없는
'가짜 에덴'
떠나기

신기루는 늘 생존자를 곤경에 빠뜨려 왔다. 특히 오랜 시간이 지나 쉬고 싶은 갈망이 극도로 심해질 때 신기루에 당하기 쉽다. 뭔가가 사실이기를 바라는 마음이 강해지면 이성과 감각이 마비되어 그것을 현실로 착각하게 된다. 북극권에서 사냥을 하는 스티븐 리넬나는 북극의 드넓은 대지와 그 눈부신 빛에 몇 번이나 현혹되었다.

그 방향으로 대기층에서 매우 강한 빛의 굴절이 나타났다.

지표면과 대기 사이의 경계선이 가물거리며 미친 듯이 어른거렸다. 마치 사막의 아스팔트 도로에서 가열된 열기가 뿜어져 나오는 것 같은 형상이었다. ……

나보다 약 100년 전에 이 나라를 통과했던 캐나다 출신의 탐험가 빌하머 스테판슨은 북극광의 속임수에 관해서 많은 말을 했다. 그는 한번은 가까이에 있는 다람쥐를 멀리 있는 회색곰으로 착각했다. 그는 100그램가량의 레밍을 몇 백 킬로그램 나가는 사향소(musk ox)로 착각한 어느 사냥꾼 이야기도 해 주었다. 그러면서 "한쪽에 빙하가 덮인 골짜기들이 있는 검은 산" 쪽으로 배를 향했던 한 남자 이야기도 들려주었다. 그런데 알고 보니 검은 산은 바다코끼리의 머리였고 빙하는 코끼리의 엄니였다.[1]

환각은 때로 우리를 위험에 빠뜨릴 수 있다. 산악인 애런 랠스톤은 거대한 바위가 움직이면서 그의 팔을 꼼짝 못하게 하는 바람에 며칠간 폭이 매우 좁고 깊은 협곡에 갇혀 있었다. 탈출하려고 절박하게 애쓰던 그는 까마귀의 울음소리를 자신을 찾는 사람들이 외치는 소리라고 착각했다.

> 너희가 사람의 미혹을 받지 않도록 주의하라
> 많은 사람이 내 이름으로 와서 이르되
> 나는 그리스도라 하여 많은 사람을 미혹하리라.
> 마태복음 24장 4-5절

하와이 카우아이섬에 있는 카파아라는 작은 마을에는 1960년대 아름다운 노스쇼어에서 일어났던 '에덴 실험'에 관한 박물관이 있다. 유명 배우 엘리자베스 테일러의 오빠가 이 공동체의 설립자였고 그 실험은 "테일러 캠프"라고 불렸다. 이 공동체는 본국에서 일어난 대학생 시위와 경찰들의 과잉 진압을 피해 나무 위의 집에서 나체로 함께 살기 위해 몰려든 히피족, 서퍼, 베트남 전쟁 퇴역 군인들로 이루어져 있었다.

이 모임은 "궁극의 히피 판타지"였다.[2] 그리고 솔직히, 처음에는 정말 환상적으로 들린다. 세상 걱정 없이 낙원에서 즐기는 삶. 직장에서의 근무도 없다. 주택 대출금도 없다. 공과금 청구서도 없다. 걱정할 것이 전혀 없다. 일을 아예 하지 않아도 된다. 그냥 나무에서 나는 망고와 아보카도 같은 신선한 과일을 먹으며 살면 된다. 따뜻하고 푸른 풀밭에 종일 누워서 쉴 수도 있다. 음악을 연주하고, 마약과 섹스를 즐기고, 바다에서 헤엄쳐 놀기만 하면 된다. 약간의 약물 남용과 친구들 사이의 부도덕한 행위 정도는 그냥 넘어간다.

하지만 지금 우리는 1960년대의 어두운 면을 잘 안다. 약물 남용과 성적 타락은 사회를 크게 망가뜨렸다. 그 참혹한 결과 중 하나는 에이즈다. "전쟁 말고 서로 사랑을 나눠"(Make Love Not War)라는 말은 좋게 들리지만, 그 사이렌 노래에 수많은 남녀가 상처를 입었다. 내 친구 크레이그는 히피의 삶을 매우 진지하게 시도했다. 그는 학교를 중퇴하고서 미국, 남미, 유럽 전역을 히치하이킹으로 돌아다니며 마약을 했다. 그런데 그의 친구들은 대부분 약물 과다로 죽었고, 살아남은 친구들은 여태껏 정신병원에 있다. 크레이그는 이렇게 말했다. "나는 겨우 탈출했어."

예수님은 이런 가슴 아픈 일을 예상하셨기에 말세에 만연할 기만에 관해 반복적으로 경고하셨던 것이 아닐까? 말세에는 거짓 선지자들이 득실거릴 것이다. 가짜 하나님 나라, 가짜 에덴을 외치는 자들이 사방에서 일어설 것이다.

"많은 사람이 …… 와서"는 이런 일이 많이 일어날 것이라는 뜻이다. "많은 사람을 미혹하리라"는 많은 사람이 기만에 넘어갈 것이라는 뜻이다. 예수님은 심각하게 경고하셨다. 그것은 기만이 매우 그럴듯할 것이라는 뜻이다. 예수님은 감람산 설교를 그렇게 시작하신 뒤에 설교 끝 무렵에 또다시 경고하셨다.

그 때에 사람이 너희에게 말하되 보라 그리스도가 여기 있다 혹은
저기 있다 하여도 믿지 말라 거짓 그리스도들과 거짓 선지자들이
일어나 큰 표적과 기사를 보여 할 수만 있으면 택하신 자들도
미혹하리라 보라 내가 너희에게 미리 말하였노라.

마태복음 24장 23-25절

좋은 선생은 학생들이 특히 잊어버리지 않았으면 하는 교훈이
있을 때 반복해서 설명한다.

나는 거짓 그리스도가 스스로 메시아라고 주장하는 미치광이
만을 말하지 않는다고 생각한다. 예수님은 삶이 다시 좋아지기를
바라는 우리의 강렬한 갈망과, 우리를 거짓 위안으로 유혹하는 원
수의 증명된 능력을 모두 아신다. 거짓 위안은 반드시 실망감을
안기게 되어 있다. 그렇게 되면 우리는 소망과 믿음을 잃게 된다.
이런 일이 문화적 차원에서도 일어날 것이다. 하지만 주로 인간
의 마음속에서 조용히 일어날 것이다.

예수님이 하나님께 선택된 자들은 이런 상황을 피할 수 있다
고 약속해 주셔서 얼마나 감사한지 모른다. 하지만 예수님이 말
씀하시는 분위기로 보아서 '가까스로' 피하는 것을 의미하신 것으
로 보인다.

우리는 이 시점에서 가짜 에덴에 특히 더 취약하다. 위안을 원
하는 우리의 갈망이 다른 모든 가치를 집어삼키고 있기 때문이

다. 오늘 아침에 아내가 보는 집·정원 가꾸기 관련 잡지가 펼쳐져 있는 것을 보았다. 펼쳐진 페이지에는 거의 포르노 형식에 가까운 사진이 실려 있었다. 하지만 정작 유혹적인 요소는 다름 아닌 에덴동산만큼이나 매력적인 사진 속 장소였다. 럭셔리한 주택의 시야가 탁 트인 유리문, 근사한 수영장, 안뜰 너머에는 굽이진 아름다운 언덕이 펼쳐져 있었다.

그 사진을 보자마자 내 마음은 환호성을 터뜨렸다. '바로 이거야! 지금 이것만 있으면 행복해질 텐데!'

기만과 유혹은 얼마나 순식간에 이루어지는지 모른다.

'가짜 구원자'들의 반격

그들이 이 말씀을 듣고 있을 때에 비유를 더하여 말씀하시니 이는 자기가 예루살렘에 가까이 오셨고 그들은 하나님의 나라가 당장에 나타날 줄로 생각함이더라 이르시되 어떤 귀인이 왕위를 받아가지고 오려고 먼 나라로 갈 때에 그 종 열을 불러 은화 열 므나를 주며 이르되 내가 돌아올 때까지 장사하라 하니라 그런데 그 백성이 그를 미워하여 사자를 뒤로 보내어 이르되 우리는 이 사람이 우리의 왕 됨을 원하지 아니하나이다 하였더라.

누가복음 19장 11-14절

존 레논은 〈이매진〉(Imagine; 상상하라)이라는 유명한 노래를 통해 새로워질 세상에 관한 비전을 제시했다. 수백만 명이 그 노래를 사랑했다. 가사와 곡조가 실로 아름다운 노래다. 평화와 형제애로 가득한 세상을 만들 수 있다고 한다. 재물도 전쟁도 미움도 없는 곳. 사랑과 평화가 가득한 곳. 얼마나 매력적인가! 많은 사람이 그런 세상이야말로 자신들의 가장 깊은 욕구가 실현된 곳이라고 여겼다. 하지만 그런 세상은 실은 엄청난 재앙이다. 존 레논은 이상적인 나라를 향한 어린아이 같은 갈망을 사춘기 반항심과 적절히 섞어 사람들의 감성을 자극했다. 그런데 가사를 자세히 보면 레논은 천국도 지옥도 종교도 원하지 않았다. 그의 에덴에 하나님 자리는 없었다(거짓 선지자가 하는 '모든 말'에 관심을 기울지 않는 것이 중요하다). 그는 왕이 없는 왕국을 원했다.

이런 바람은 인간의 본성 '깊이' 뿌리를 내리고 있다. 이런 바람의 씨앗은 인류가 하나님 대신 삶을 선택했던 인류 타락 당시 마귀가 직접 심어 준 것이다. 그래서 이런 바람은 철저히 마귀적이다.

1960년대의 에덴 실험은 왕 없는 왕국을 세우려던 역사 속 다른 시도들에 비하면 꽤 순진한 편이다. 이 땅에 천국을 세우려는 인간의 모든 시도는 하나같이 살아 있는 지옥을 탄생시켰다.

러시아 혁명 당시 볼셰비키(구소련 공산당의 별칭)는 전쟁을 끝내고, 소작농들에게 땅을 주며, 도시 노동자들에게 빵을 주겠다고 약속했다. 평민들이 마침내 평등한 권리를 얻을 것처럼 보였다. 하지만 '실제로' 일어난 상황은 전혀 달랐다. 무려 천만 명이 죽임을 당하고 무자비한 압제 정부가 세워졌다. 지금까지도 2억 8,700만 명이 그 후유증에 시달리고 있다.

그런가 하면 중국의 대약진 운동을 보라. 그것은 매우 계몽된 시도처럼 보였다. 롤링 스톤스, 사르트르, 존 레논, 초기 페미니스트 운동 지도자들이 모두 마오쩌둥 주석을 환영했다. 그가 노동자 계층을 위해 싸우고 정의로운 세계 질서를 가져오게 할 것이라고 믿었기 때문이다. 하지만 그들의 기대와 달리 800만 명이 죽고 또 하나의 무자비한 체제가 세워졌다.[3]

히틀러가 통치하는 나치 독일이 이상적인 세상을 건설하려는 비전으로 시작했다는 사실을 잊지 말자. 하지만 그들은 유태인들을 학살했을 뿐 아니라 자신들의 이상적인 사회를 위해 장애인들을 모두 없애려고 했다.

여기서 역사적인 사례를 든 것은 불과 몇 년 전까지만 해도 일부 지식인들이 이런 운동을 동경했지만 지금 이런 시도를 옹호하는 사람은 거의 없기 때문이다. 내가 현대 사례를 들면 주먹다짐을 각오해야 한다. 사람은 누구라도 자신의 에덴에 의문을 제기하는 것을 '좋아하지 않기' 때문이다.

이 세상 정부들은 점점 압제적으로 변해 가고 있다. 이제 우리 사회에 선악에 관한 합의는 없다. 인간이 어떤 존재이며, 어떻게 살아야 하는지에 관한 합의는 없다. 그래서 정의가 하나님에게서 얼마나 멀어지든 상관없이 각자 자기 맘대로 사는 것으로 변질되었다. 이런 운동에 반대하면 일종의 종교적 박해를 당한다. 내가 이 이야기를 꺼내는 것은 예수님이 이런 상황에 관해 이미 경고하셨기 때문이다.

삶에 지친 영혼들은 자신의 작은 행복을 돌려받을 수만 있다면 무엇이든 기꺼이 받아들인다. 몇 해 전 동유럽에 사는 한 친구를 방문했을 때 그는 최소한 안전하다는 이유로 공산주의로 돌아가기를 바라는 사람들이 많다고 말했다. "배부른 자는 꿀이라도 싫어하고 주린 자에게는 쓴 것이라도 다니라"(잠 27:7).

예수님은 이렇게 말씀하셨다. "가난한 자들은 항상 너희와 함께 있거니와"(마 26:11). 이는 회의적으로 말씀하신 것이 아니다. 단지 현실적으로 말씀하신 것이다. 예수님의 모든 말씀은 철저히 현실을 바탕으로 하고 있다. 성경은 예수 그리스도의 재림 이전에는 세상이 다시 온전해질 수 없다고 분명히 못을 박는다. 그런데 과연 우리가 이 말씀을 진정으로 믿는가?

물론 세상을 더 나은 곳으로 만들기 위해 우리가 할 수 있는 일은 해야 한다. 하지만 세상을 '완벽한' 곳으로 만들려는 시도는 하지 말아야 한다. 그런 시도는 히틀러의 나치 독일이요 마오쩌둥의 중국이다. 심지어 테일러 캠프도 위험하다.

이념이 아무리 그럴듯하게 보여도 하나님이 그 안에 계시지 않는다면 거기에 참여하지 말아야 한다. 관계, 이직, 집을 사고파는 일, 심지어 휴가 같은 단순한 것에서도 그렇게 해야 한다. 우리는 예수님이 추구하시는 것만을 원해야 한다. 우리는 하나님이 주시는 것만을 원해야 한다. 예수님께 충성하는 것만큼 예수님이 행하시는 것을 원하는 것이 중요하다.

그렇다면 예수님은 지금 무엇을 행하고 계실까? 예수님이 이 땅에서 사람들이 원하는 시시한 행복을 주기 위해 바삐 움직이고 계신가? 아니면 그분의 갑작스러운 재림을 위해 모든 인간의 마음과 영혼을 준비시키고 계신가? 그분이 돌아오셔야만 비로소 이 망가진 지구가 치유될 것이다.

에덴을 향한 갈망, 이제 예수님께로

"놀라지 말라."

"너희는 마음에 근심하지 말라."

"너희는 스스로 조심하라 그렇지 않으면 …… 마음이 둔하여지고."

예수님이 이런 말씀을 하실 때 그 이면에는 내 마음을 지키는 데는 내가 능동적인 역할을 한다는 가정이 깔려 있다. 두려움이나 슬픔에 빠지지 않기로 선택하는 것은 바로 나다. 어디에 마음을 줄지 선택할 능력이 바로 내게 있다. 하나님의 임재와 음성, 일하심을 경험하면 모든 것이 하나님께 달려 있다고 믿기 쉽다. 하지만 그렇지 않다.

1장에서 말했듯이 보유고가 바닥나면 지친 마음은 결국 '이젠 지쳤어. 더 이상 하고 싶지 않아'라고 말하게 된다. 2021년, 수백만 명이 한꺼번에 일을 그만두기 시작했다. 퇴직자 숫자가 역대 최대다. 이 사태를 "대퇴직"(Great Resignation)이라 부른다.[4] 농담이 아니다.

많은 사람이 "이런 대변혁을 경험하고 나니 이제 평생 꿈꾸던 삶을 시작해야 할 때임을 확신하게 되었다"고 말한다. 많은 사람이 동시에 꿈을 좇기로 마음먹고 있다. 하지만 이것이 우리가 이 책에서 내내 이야기해 왔던 현상이다. 이것은 바로 트라우마의 반응, 지친 마음, 삶이 다시 좋아지기를 바라는 갈망이 결합된 결과다. 1960년대의 그 순진한 사람들처럼 수백만 명이 아무런 대책 없이 일을 그만두고 있다.

하지만 퇴직해 봐야 완벽한 삶이 찾아오지는 않는다. 세상이 갑자기 다시 좋은 곳으로 변하지도 않는다. 퇴직해도 세상은 여전히 우리를 실망시키는 세상이다. 일터에서 대량 탈출하는 이 거대한 현상은 테일러 캠프와 비슷하다. 곧 환멸이 나타날 것이며, 그다음은 무엇인지 말하지 않아도 알 것이다.

그런데 테일러 캠프의 전성기는 그리 오래가지 않았다. 그곳

히피들은 그들의 영향을 싫어하는 경찰 및 지역 주민들과 잦은 마찰을 벌였다. 결국 폭력 사태가 일어나 그곳은 잿더미로 변했다.

예수님은 테일러 캠프 같은 시도들을 이해하신다. 진심으로 이해하신다. 예수님은 모든 사람이 에덴을 향한 갈망을 품고 있는 줄 아신다. 우리는 모두 에덴에서 왔다. 에덴은 우리가 머무르게 될 진정한 집이다. 에덴은 모든 인간이 회복시키려고 노력하는 것이다. 물론 왕이 있는 에덴과 왕이 없는 에덴 중 무엇을 추구하는지의 차이는 있다. 이 시간, 얼마나 많은 불륜이 벌어지고 있을까? 남성들의 성적 회복을 돕는 상담가 친구들은 내게 2020년 포르노 사용이 급격히 늘었다고 말한다. 그럴 수밖에. 성은 가장 큰 거짓 에덴 중 하나다. 하지만 그 외에도 많은 에덴이 있다. 음식, 술, 쇼핑 같은 것들이 대표적인 예다.

지치고 실망한 마음들이 무너지는 거대한 배교가 나타나고 있다. 많은 사람들이 왕 없는 안락에 만족하기로 마음먹었다. "지금 조금이라도 행복을 누리겠어. 왕이 있든 없든, 어떤 왕이든 상관없어." 끔찍한 일이 교묘하게 진행되고 있다. 이 현상을 영적 대퇴직이라고 부를 수 있겠다. 많은 그리스도인, 특히 많은 젊은이들이 하나님에게서 떠나거나 '기독교 신앙'을 '다양한 구원의 길을 인정하는 신앙'과 맞바꾸고 있다.

기독교는 수많은 편협한 운동과 파벌 정치에 연루되어 왔다. 그래서 점점 더 많은 신자들이 기독교에서 포용적인 시각 쪽으로

163

돌아서고 있다. "어떤 종교를 통해서든, 아니 종교 없이도 신께 이를 수 있다." 나는 이런 시각을 충분히 이해한다. 정말로 이해한다. 사실 예수님은 모든 사람을 위하신다. 예수님이 십자가에서 돌아가실 때 그분의 팔은 더 이상 펴실 수 없을 만큼 활짝 열려 있었다.

> 예수께서 서서 외쳐 이르시되 누구든지 목마르거든 내게로 와서 마시라 나를 믿는 자는 성경에 이름과 같이 그 배에서 생수의 강이 흘러나오리라 하시니.
> 요한복음 7장 37~38절

> 수고하고 무거운 짐 진 자들아 다 내게로 오라 내가 너희를 쉬게 하리라.
> 마태복음 11장 28절

우리는 이런 포기의 행렬에 휩쓸리지 말아야 한다. 이 실망한 마음의 시대에 우리는 "단번에 주신 믿음"을 굳게 부여잡아야 한다(유 1:3). 석가모니는 우리를 위해 십자가로 가지 않았다. 3,300만 개의 힌두교 신 중 그 어떤 신도 그렇게 하지 않았다. 대지(Mother Earth)는 우리를 무덤에서 일으킬 수 없다. 이 귀한 대지는 오히려 창조주에 의해 회복되기만을 기다리고 있다. 더 많은 귀한 마음들이 포기하기 전에 우리는 예수님이 주신 기독교는 보편주의가 아니라고 분명히 선포해야 한다.

예수께서 이르시되 내가 곧 길이요 진리요 생명이니 나로 말미암지 않고는 아버지께로 올 자가 없느니라.
요한복음 14장 6절

다른 이로써는 구원을 받을 수 없나니 천하 사람 중에 구원을 받을 만한 다른 이름을 우리에게 주신 일이 없음이라 하였더라.
사도행전 4장 12절

아직 회심하지 않은 구석들을 회심하고 이기는 힘을 얻기 위해 우리는 믿음을 지키고 에덴을 향한 갈망을 예수님께로 향해야 한다. 다른 위안거리, 심지어 집 꾸미기나 휴가처럼 좋은 것들로부터도 돌아서서 우리의 마음을 온전히 예수님께로 향해야 한다. 우리는 지금 어디에서 생명을 추구하고 있는가? 이 생명을 향한 갈망을 예수님 앞에 내려놓아야 한다.

나는 여름을 좋아한다. 여름은 우리 부부가 가장 좋아하는 계절이다. 그런데 이곳 콜로라도에서는 이제 계절이 가을로 성큼 넘어가고 있다. 가을이 오면 우리 집에 피어난 아름다운 꽃들이 다 시들 것이다. 올해 우리는 우리 집 앞마당을 아름다운 꽃이 가득한 작은 에덴으로 꾸몄다. 하지만 계속해서 시계 바늘의 똑딱 거리는 소리가 느껴진다. 내 안의 뭔가가 절박하게 외치고 있다. '안 돼!' 나는 매일같이 정원에서 가지치기를 하고 물과 비료를 주 며 꽃을 애지중지 키우고 있다(간밤에 온도가 영하로 떨어질 것이라는 일 기예보가 있었다. 그래서 그 모든 꽃은 현재 우리 집 거실 안에 있다). 이 글을 쓰는 지금도 내 몸에서 절실함이 느껴진다. '제발, 아직은 안 돼. 아직은. 아직 죽지 마. 나는 너희들이 꼭 필요해.'

삶이 다시 좋아지기를 바라는 내 갈망은 어느 때보다도 높다. 그래서 이 모든 꽃을 아끼는 애완동물마냥 집 안으로 들였다. 이 꽃들이 조금만 더 오래 사랑스러운 모습으로 남아 있기를 간절히 바란다. 인자하신 예수님은 인자하게 다가오셔서 사랑으로 나를 안심시켜 주신다. "존, 너무 아쉬워할 필요가 없다. 모든 것이 네 게 돌아오고 있다. 움켜쥐려고 할 필요가 없어."

그렇다. 후하신 우리 아버지 하나님은 힘든 이 시대에도 '에덴 의 애피타이저'를 제공해 주실 것이다. "주께서 내 원수의 목전에 서 내게 상을 차려 주시고"(시 23:5). 현재의 순간을, 우리의 마음을 단련하기 위한 선물로 보라. 이 선물을 두 팔 벌려 받아들일 수 있 다면 이 시기를 버티고, 나아가 치유까지 얻을 수 있을 것이다.

열쇠는 현재의 순간에 시선을 고정하지 않는 것이다.

코앞으로 다가온 에덴

잠시 우리가 어디에 소망을 두고 있는지를 기억하자. 소망은 기독교 신앙의 핵심이다. 우리가 가진 소망은 "영혼의 닻 같아서 튼튼하고 견고"하다(히 6:19). 우리의 소망은 회복력 있는 소망이요 회복력을 '낳는' 소망이다. "하나님께 인생을 건 우리는, 약속받은 소망을 두 손으로 붙잡고 놓지 말아야 할 이유가 충분합니다. 그 소망은 끊어지지 않는 영적 생명줄 같아서, 모든 상황을 뛰어넘어 곧바로 하나님 앞에까지 이릅니다"(히 6:18-19, 메시지).

내가 지금 천국 이야기를 하고 있다고 생각하는가? 그렇지 않다. 그리스도인들이 흔히 생각하는 그 천국 이야기는 아니다. 지금 내가 말하는 천국은 에덴이 회복된 상태다.

예수 그리스도는 이전의 모든 소망을 초월하는 소망을 우리 모두에게 주기 위해 생명을 내주셨다. 그분의 찬란한 삶 속에서 나타난 모든 행동과 가르침은 우리에게 이 소망을 드러내는 쪽으로 철저히 의도되었다. 마태복음 뒷부분에서 예수님은 이 점을 더없이 분명하게 기술하셨다. "내가 진실로 너희에게 이르노니 세상이 새롭게 되어 인자가 자기 영광의 보좌에 앉을 때에 …… 내 이름을 위하여 집이나 형제나 자매나 부모나 자식이나 전토를 버린 자마다 여러 배를 받고 또 영생을 상속하리라"(마 19:28-29).

세상의 재창조, 세상이 새로워질 날. 너무도 숨 막히는 약속,
충격적이리만치 아름다운 그 약속. 어떻게 수많은 사람이 이
약속을 놓쳤는지 의아할 정도다. 물론 우리는 '천국'에 관해 자주
들었다. 하지만 여기서 예수님은 천국에 관해 말씀하고 계신
것이 아니다. 예수님은 우리가 사랑하는 지구를 포함한 '만물'의
재창조를 말씀하고 계신다. ⋯⋯

우리는 평생 회복을 찾아 왔다. 아름다움과 선함에 관한
모든 기억, 모든 아름다움과 선함의 순간이 우리에게 회복을
속삭여 왔다. 모든 해돋이도 이 약속을 속삭여 왔다. 모든 꽃도,
휴가지에서의 모든 멋진 날들도, 모든 잉태도, 모든 건강의
회복도⋯⋯.

우리 자신의 영혼을 향한 자비와 긍휼의 마음으로 귀를 기울이면,
말로 표현할 수 없을 만큼 귀한 소망의 메아리가 들린다. 가슴에
품기 벅찰 만큼 강렬한 소망. 하나님이 이 소망을 우리 가슴에
두셨다. 또한 하나님은 이에 상응하는 약속을 이 땅, 지구에
불어넣으셨다. 이 약속은 더없이 선한 순간들마다 우리에게
들려오는 속삭임이다. 그렇다. "하나님이 모든 것을 지으시되
때를 따라 아름답게 하셨고 또 사람들에게는 영원을 사모하는
마음을 주셨느니라"(전 3:11). 우리의 불만족의 이유와 지구라는
피조 세계의 신음에 대한 답은 동일하다. 그것은 하나님 나라를

갈망하기 때문이다. 우리는 만물의 회복을 간절히 바라고 있다. 이 회복의 소망이야말로 이 세상의 아픔을 극복할 만큼 강하고 찬란하고 영광스러운 유일한 소망이다.[5]

자, 우리의 모든 바람이 이루어지기 직전이다. 우리의 바람이 완전하고도 놀랍게 이루어지기 직전이다. 우리는 결국 에덴을 돌려받을 것이다. 예수님의 재림으로 여기 이 땅에서 만물이 새로워질 것이다. 사도 요한은 새 예루살렘이 하늘에서 땅으로 내려오는 광경을 보았다!

또 내가 보매 거룩한 성 새 예루살렘이 하나님께로부터 하늘에서
내려오니 그 준비한 것이 신부가 남편을 위하여 단장한 것 같더라
내가 들으니 보좌에서 큰 음성이 나서 이르되 보라 하나님의
장막이 사람들과 함께 있으매 하나님이 그들과 함께 계시리니
그들은 하나님의 백성이 되고 하나님은 친히 그들과 함께 계셔서
모든 눈물을 그 눈에서 닦아 주시니 다시는 사망이 없고 애통하는
것이나 곡하는 것이나 아픈 것이 다시 있지 아니하리니 처음
것들이 다 지나갔음이러라 보좌에 앉으신 이가 이르시되 보라
내가 만물을 새롭게 하노라 하시고.
요한계시록 21장 2-5절

역경에 지지 않는 사람들은 자신의 현재 상황이 '지나가는' 상황이라는 점을 이해한다. 그들은 회복력을 갖고 상황을 견뎌 낸다. 이것이 예수님이 우리에게 인내를 명령하시는 이유다. '이것은 평생 지속되는 상황이 아니다. 이것은 현재 상황일 뿐이다.' 우리는 하나님의 도우심과 이기는 힘을 통해 이 시기를 '지나야' 한다. 지금 우리는 숨이 막힐 만큼 놀라운 반전을 향해 치닫고 있다! 지금 우리가 겪는 고난은 다 지나갈 것이다. 곧 우리는 잔칫상에서 오늘날의 상황에 관해 "그땐 그랬지" 하면서 웃으며 이야기하게 될 것이다. 에덴의 모든 즐거움을 맛보게 될 것이다, 영원토록.

이런 마음가짐은 모든 것을 바꿔 놓는다.

힘든 상황에 처한 사람들에게 구원이 3주 안에 올 것이라고 말하면 그들은 아마도 끝까지 버틸 것이다. 심지어 3개월을 제시해도 그럴 것이다. 그들은 새로운 힘을 얻고 끝까지 견뎌 낼 것이다.

하지만 같은 사람들에게 죽기 전에는 구원의 소망이 없다고 말하면 그들은 모든 희망을 버릴 것이다. 그저 이 세상에서 생명의 작은 부스러기라도 잡으려고 발버둥을 칠 것이다.

당신을 향한 큰 구원이 목전에 이르렀다.

왕이 귀환하시지 않으면 이 세상은 치유될 수도 회복될 수도 없다. 우리는 회복된 에덴을 갈망하며 신음하고 있다. 에덴의 회복, 바로 이것이 그리스도의 재림이 의미하는 바다. 그런데 우리는 그분이 돌아오시기 전의 마지막 순간을 살고 있다. 그분의 재림이 임박했다. 이 사실을 기억하면 에덴을 바라는 갈망을 크고 작은 가짜 구원자들 쪽으로 향하지 않고, 모든 것을 견딜 만큼 큰 소망을 얻을 수 있다.

에덴을 향한 갈망을
왕께로 가져가라

———

● 주님 안에서 에덴을 향한 갈망이 솟아날 때마다 그것을 예수님 앞으로 가져가라. 그 외에 다른 안전한 곳은 없다.

에덴을 위한 내 계획이 틀어져서 절박감이나 분노가 밀려올 때마다 나는 멈추어서 내 마음을 조용히 예수님께로 되돌린다. 곧바로 그렇게 하는 것이 가장 좋다. 강한 절박감이 느껴지거나 마음을 다른 것으로 향하고 싶은 유혹이 밀려올 때 곧바로 마음을 예수님께로 향해야 한다.

이전 장에서 회심하지 않은 부분들에 관해서 이야기할 때 그런 부분들 속으로 들어가 그곳에서 그리스도께 문을 여는 것이 얼마나 중요한지를 설명했다. 에덴을 향한 갈망에 대해서도 그렇게 하는 것이 정말 중요하다. 삶이 다시 좋아지기를 바라는 자신의 원초적 갈망 속으로 들어가 그 안에서 하나님을 사랑하기 시작하라. 그 바람 속에서 그분을 사랑하고 그분께로 마음을 향하면서 이렇게 말하라. "주님을 선택합니다. 주님을 선택합니다. 주님은 제 생명이십니다." 갈망을 억누르지 말라. 창피해하지 말라. 갈망을 떨쳐 내려고 하지 말라. 대신 갈망을 느끼라. 집을 페인트칠하거나 화려한 저녁 식탁을 추구하는 대신, 그 원초적 갈망 속으로 들어가 그것을 하나님께 드리라.

오, 주님, 에덴을 향한 제 갈망을 주님께, 오직 주님께로 향합니다.

주님, 제 안에는 삶이 다시 좋아지기를 바라는 갈망이 가득합니다. 저는 ＿＿＿＿＿＿＿＿＿을 원합니다. (주님은 무얼 원하시나요?) 삶이 아름다워지기를, 사람들이 서로 사랑하기를 원합니다. 이 소동이 끝나기를 원합니다. 악이 멈추기를 원합니다.

예수님, 에덴을 향한 제 마음을 붙잡아 주옵소서. 주님이 다시 오셔서 에덴을 회복시킬 날에 소망을 둡니다. 주님과 주님의 재림을 바라봅니다. 주님은 유일하게 안전한 곳입니다. 진정한 에덴은 오직 한 곳뿐입니다. 제 마음을 단 하나의 진짜 에덴으로 향합니다. 주님이 돌아오실 때 이 에덴을 회복시켜 주실 줄 믿습니다.

이 선택이야말로 인간의 영혼이 할 수 있는 가장 아름다운 일일 것이다. 수많은 작은 선택 가운데 계속해서 우리의 얼굴을 하나님께로 돌려야 한다.

얼마 전 어느 밤, 잠이 오지 않아 마당에 나갔다가 너무도 달콤한 경험을 했다. 나는 이렇게 고백하기 시작했다. "주님, 주님을 선택합니다. 주님을 사랑합니다. 삶이 다시 좋아지기를 바라는 갈망 속에서 주님을 선택합니다. 여행으로 이 갈망을 풀지 않겠습니다. 와인 한 잔으로 이 갈망을 풀지 않겠습니다. 이 모든 갈망을 주님께로 가져갑니다. 주님, 주님을 선택합니다." 그 순간, 밤새 완전히 잔잔하던 곳에서 미풍이 불어 내 얼굴을 부드럽게 감쌌다. 이 달콤한 순간, 예수님의 대답이 들렸다. "존, 좋은 선택이다. 잘했다."

8 ×

내면의 우물로
깊이 내려가라,
그분을 만날 때까지

    콜터 반스는 겨울이 닥치기 직전 캐나다의 사막 한가운데서 생존의 위협을 받는 상황에 처했다. 가진 것이라곤 옷 몇 벌에다 라이터와 낚싯줄을 포함한 몇 가지 생존 도구가 전부였다. 그러나 다행히도 그는 성공적으로 은신처를 짓고 불을 피울 수 있었다. 하지만 채집한 버섯과 야생 양파로는 오래갈 수 없었다. 생선이 필요했다. 하지만 아무리 노력해도 물고기는 잡히지 않았다.

    식량을 구하기가 너무나 힘들었던 그는 몸무게가 30킬로그램 이상이나 빠졌다. 설상가상 아침저녁으로 날씨가 지독히 추워지기 시작했다. 황량한 사막에서 두 달 이상 지나고 나니 굶어 죽게 생겼다. 몸의 움직임도 점점 둔해졌다. 말도 느리고 불분명해졌다. 하지만 그는 끝까지 포기하지 않았다. 그는 계속해서 이렇게 되뇌었다. "깊은 곳에 있는 마지막 힘까지 다 끌어내서 더 버틸 거야. 최선을 다할 거야."[1]

너희에게 인내가 필요함은
너희가 하나님의 뜻을 행한 후에 약속하신 것을 받기 위함이라
잠시 잠깐 후면 오실 이가 오시리니 지체하지 아니하시리라
나의 의인은 믿음으로 말미암아 살리라
또한 뒤로 물러가면 내 마음이 그를 기뻐하지 아니하리라 하셨느니라
우리는 뒤로 물러가 멸망할 자가 아니요
오직 영혼을 구원함에 이르는 믿음을 가진 자니라.
히브리서 10장 36-39절

우리는 이 시대에서 승리하는 삶을 살기 위해 이기는 힘, 곧 우리 안에 있는 하나님의 능력을 최대한 부여잡고 있다. 이 아름다운 힘, 이 이기는 힘은 생명의 원천, 곧 우리 안에 거하시는 예수 그리스도에게서 온다. 따라서 우리 안에 계신 예수님께 모든 관심을 집중하는 연습을 해야 한다. 우리 존재 깊은 곳에서 그분의 능력을 끌어내는 법을 배워야 한다.

이기는 힘은 하나님이 우리에게 주시는 힘이라는 사실을 기억하는 것이 중요하다. 이 힘은 우리 스스로 만들어 내는 힘이 아니다. 이 힘은 이를 악물고 더욱 분발하는 것을 의미하지 않는다. 운동선수들은 큰 시합을 앞두고서 깊은 곳에 있는 잠재력을 끌어낸

다는 말을 자주 한다. 군인들도 비슷한 표현을 사용한다. 하지만 우리가 깊은 곳에서 끌어내는 힘은 우리를 창조하셨을 뿐 아니라 우리 안에 거하시는 하나님에게서 오는 '초자연적' 힘이다.

"하나님은 내 마음의 반석[힘]이시요 영원한 분깃이시라"(시 73:26). 하나님을 우리 마음의 힘으로서 경험하는 것이 얼마나 놀라운가!

지금 우리는 광대한 바다와 숲과 폭포와 천둥의 아름다움, 힘, 영광을 말하고 있는 것이다. 이것은 강력한 창조의 힘이다. 바로 이것이 우리에게 주어지는 하나님의 힘이다. 이 아름다움과 힘과 영광이 우리 안에 거할 뿐 아니라 우리가 필요할 때마다 이것을 이용할 수 있다고 상상해 보라. 잠시 상상의 나래를 펴 보라.

넓은 바다 같은 하나님이 우리 안에 거하신다. 우리는 그분의 힘을 끌어올 수 있다. 이것이 바로 그리스도인이 지닌 잠재력이다.

> 이러므로 내가 하늘과 땅에 있는 각 족속에게 이름을 주신 아버지
> 앞에 무릎을 꿇고 비노니 그의 영광의 풍성함을 따라 그의
> 성령으로 말미암아 너희 속사람을 능력으로 강건하게 하시오며.
> 에베소서 3장 14-16절

> 그분이 그분 영광의 풍성함으로 인해 (너희의 가장 깊은 존재와 성품
> 속에 거하시는) 성령을 통해 너희 속사람을 강하고 영적으로 힘이

넘치게 해 주시기를 기도한다.

에베소서 3장 16절, AMP

오, 하나님께서 그분을 믿는 우리 안에서 끊임없는 에너지와
한없는 능력으로 행하시는 역사가 얼마나 풍성한지를 이해할 수
있기를 구합니다!

에베소서 1장 19절, 메시지

과거의 경험을 떠올리며 이 진리를 거부하지 말라. 물론 인생
은 실망의 연속이다. 우리가 이해할 수 없는 일이 나무나 많다. 하
나님이 왜 도와주시지 않는지 몰라서 답답할 때가 많다. 나도 그
런 일을 겪을 만큼 겪었다. 하지만 바로 이것이 우리가 '성경'이 제
시하는 새로운 차원에 마음을 열어야 하는 이유다. 그렇지 않으
면 평생 자기 경험이라는 틀에 갇혀 살 수밖에 없다.

다시 생각해 보자. 유성과 소용돌이치는 은하계의 하나님, "능
력의 말씀으로 만물을 붙드시"는(히 1:3) 하나님이 우리 안에 거하
신다. 이분의 영광스러운 에너지와 능력을 우리가 쓸 수 있다면
얼마나 좋을까? 그럴 수만 있다면 상황이 완전히 바뀔 것이다.

이 엄청난 힘을 이용하려면 하나님께로 나아가야 한다. 나무
가 땅속으로 깊이 뿌리를 내리는 것처럼 우리 역시 하나님의 임재
안에 들어가는 법을 배워야 한다. 하나님이 거하시는 곳, 곧 우리

존재의 가장 깊은 곳으로 들어가야 한다.

구체적으로 어떻게 해야 할지 살펴보자.

우리 존재의 가장 깊은 곳

얼마 전 어느 밤에 몇몇 친구들과 함께 우리 집 앞마당 데크에 앉아 이런저런 이야기를 나누고 있는데, 우리 모두가 아는 한 여성이 자연스럽게 대화에 참여했다. 그녀는 한결같은 내면을 소유한 듯 보이는 사람이다. 정말이지 그 무엇에도 흔들리지 않을 것 같다. 처음 보면 그냥 조용하고 내성적인 사람으로 보일 수 있다. 하지만 그것은 단지 스스로 중심에 서야 할 필요성을 느끼지 못하기 때문이다. 그녀가 건네는 한마디 한마디는 깊은 내면의 중심에서 나오는 것처럼 느껴진다. 대화 중에 잠시 적막이 흘렀을 때 누군가가 이렇게 말했다. "당신은 참 깊은 우물이에요."

사실, 모든 사람이 깊은 우물이다. 단지 존재의 표면 언저리에서만 살기 때문에 자신의 깊은 곳에 있는 힘을 사용하지 않을 따름이다. 온갖 방해와 요구가 가득한 세상은 우리를 존재의 표면 위에 붙잡아 두려고 한다.[2]

성경은 우리 존재의 가장 깊은 곳이 하나님이 거하시는 곳이라고 분명히 밝힌다. 우리 존재의 가장 깊은 곳은 구약과 신약 모두의 중심 주제 중 하나다.

> 내 영혼아 여호와를 송축하라 내 속에 있는 것들아 다 그의
> 거룩한 이름을 송축하라.
> 시편 103편 1절

> 사람의 영혼은 여호와의 등불이라 사람의 깊은 속을 살피느니라.
> 잠언 20장 27절

> 나를 믿는 자는 성경에 이름과 같이 그 배에서 생수의 강이
> 흘러나오리라 하시니.
> 요한복음 7장 38절

> 그의 영광의 풍성함을 따라 그의 성령으로 말미암아 너희
> 속사람을 능력으로 강건하게 하시오며.
> 에베소서 3장 16절

우리 안에는 '가장 깊은 곳'이 있다. 바로 그곳에 하나님이 거하신다. 따라서 하나님의 깊은 임재 가운데 들어가는 법을 배우면 이기는 힘을 받을 수 있다.

우리의 영은 우리 혼에게 이렇게 가르친다. 하나님은 우리
안의 깊은 곳에 더 온전히 거하시기 때문에 …… 내면에서
그분을 찾아야 한다. 그곳에서 그분을 누려야 한다. …… 따라서
무엇보다도 우리는 주님이 우리 안에 계시며, 우리 존재의 가장
깊은 곳에서 그분을 찾고 누릴 수 있다는 사실에서 큰 기쁨을
찾아야 한다.[3]

분명히 말하지만 이 힘은 하나님의 아들딸 안에서만 가능하
다. 그분을 자기 존재의 중심으로 모신 자들에게만 가능하다. 그
분이 우리 '안에' 거하시기 전까지는 이 모든 것은 헛된 바람일 뿐
이다. 인터넷에 떠도는 내면의 회복력에 관한 짧은 문구들은 허
황된 소리일 뿐이다. 나사렛 예수가 우리 안에 거하시기 전까지
는 그 어떤 방법도 소용이 없다. 혹시 아직 믿음과 소망과 사랑의
발걸음을 떼지 않았으면 지금이야말로 적기다!

오, 하나님 아버지, 예수님, 성령님, 제게는 그 어떤 생명
자체보다도 주님이 더 필요합니다. 주님 없이 저는 불완전합니다.
주님은 제 생명과 제가 바라는 모든 좋은 것의 근원이십니다. 주
예수님, 제 마음을 주님께 엽니다. 제 존재의 가장 깊은 곳으로
들어오셔서 거하여 주옵소서. 내 삶의 방식을 구주이신 주님 앞에
내려놓습니다. 저희가 마음의 문을 열면 들어와 저희와 하나가

되어 주신다고 약속하셨으니 제 안에 들어오셔서 그렇게 해
주옵소서.[4]

이것이 모든 회복의 비결이다. 예수 그리스도께서 직접 우리
존재의 가장 깊은 중심으로 들어오시면 모든 것이 회복된다. 그
리고 우리는 그 깊은 곳에서 그분의 이기는 힘을 얻는 법을 배워
야 한다.

얕은 지대, 중간 지대, 깊은 지대

예수님은 그분의 백성들의 전례에 참여해 공개적인 자리에서
간절히 기도하셨다. 하지만 동시에 그분은 분주한 세상에서
벗어난 구별된 장소들, 그분 영혼의 은밀한 곳으로 내려가기 위한
고요한 장소를 찾으셨다.[5]

하나님이 거하시는 곳으로 내려간다는 개념이 아마도 대부분
의 독자들에게는 낯설 것이다. 이것은 수 세기 동안 기독교 수도
원의 전통이었지만, 우리 대부분은 수도원 훈련을 받은 적이 없
다. 그러니 차근차근 살펴보자. 생각보다 쉬울 것이다.

첫째, 우리 존재가 거하는 일종의 '층'을 살펴보자.

* 종일 우리의 머릿속을 스치고 지나가는 생각들이 있다.

  대부분은 사소한 생각이다.

* 갈망, 소망, 꿈도 있다. 이것들은 훨씬 더 중요하다.

* 우리 내면 깊은 곳에는 사랑과 소망, 기쁨을 향한 갈망이 있다.

  이것은 거의 원초적 갈망에 가깝다.

나는 우리 존재 안에 자리한 이 세 가지 층을 얕은 지대, 중간 지대, 깊은 지대로 부른다.

우리 존재의 얕은 지대는 삶의 방해 요소들이 가득한 곳이다. 얕은 지대에서 우리는 이 생각에서 저 생각으로 휙휙 넘어간다. 이 방해 요소에 몰두하다가 순식간에 저 방해 요소로 넘어간다.

구체적으로 예를 들자면 이런 상황이다. 개의 지능에 관한 팟 캐스트를 들으며 운전을 하고 있는데, 진행자가 지나가는 말로 자신의 생일을 언급한다. 그러자 우리의 뇌는 전혀 중요하지 않은 그 단어에 꽂힌다. 갑자기 어머니의 생일을 깜박 잊고 넘어갔다는 사실이 기억난다. 그 실수를 어떻게 만회할지, 오늘 어디서 생일 카드를 살 수 있을지 등을 생각하느라 머릿속이 빠르게 움직인다. 순간, 카드를 팔지도 모르는 한 가게가 생각난다. 그곳이 유명한 타코 전문점 바로 옆에 있는 가게라는 사실을 기억해 낸다. 그때 갑자기 까르니따스〔멕시코 요리〕의 이미지가 떠오르며 군침이 돈다. 그렇게 순식간에 우리의 생각은 듣고 있던 팟캐스트 주제에서 완전히 멀어져 버린다.

요즘 대부분 사람들의 정신생활이 이와 같다. 전혀 상관없는 생각들이 수천 마리의 나비처럼 정신없이 날아다닌다. 이것이 내 존재 안의 얕은 지대다.

중간 지대에는, 예수님의 표현을 빌리자면 "생활의 염려", "세상의 염려"로 불리는 것들이 가득하다(눅 21:34; 막 4:19). 이 지대에서는 더 깊은 걱정, 골치 아픈 일, 바람, 포부 등이 우리의 마음을 차지하고 있다. 나이 든 부모님의 건강, 자녀의 학습 장애, 헝클어진 관계, 직장 문제 같은 것들이 자리한다. 재정 문제, 자신의 건강, 자신의 희망사항, 자신이나 사랑하는 사람들의 앞날에 대한 두려움도 있다.

이렇게 생각하면 중간 지대와 얕은 지대를 구분하는 데 도움이 될지 모르겠다. 중간 지대는 더 중요한 문제들이 있는 영역이기 때문에 우리 존재에서 더 깊이 내려간 곳에 위치한다. "너희는 스스로 조심하라 그렇지 않으면 …… 생활의 염려로 마음이 둔하여지고"(눅 21:34). 예수님의 이 말씀은 골치 아픈 일과 두려움이 있는 부분을 지칭한 것이다.

방해 요소들은 낮 시간 내내 우리를 얕은 지대에 붙잡아 둔다. 그것들은 우리의 정신 에너지를 갉아먹고 우리의 초점을 정신없이 오락가락하게 만든다. 그에 반해, 중간 지대가 주는 압박은 뜬 눈으로 밤을 지새우게 한다. 그 압박은 우리를 기도하게 하거나 때로는 암에 걸리도록 만드는 것들이다. 우리가 눈물을 흘리는 지점은 대개 얕은 지대가 아니라 중간 지대에서다.

이보다 더 깊은 지대로 내려가면 '우리 존재의 보다 깊은 곳'이 나타난다. 그곳은 우리 존재의 핵심이자 하나님이 거하시는 곳이다(우리가 그분을 우리 안으로 초대했기 때문이다). 깊은 지대에는 믿음, 소망, 사랑, 기쁨 같은 영원한 것들이 있다. 독방에 갇힌 재소자나 외로운 병실에서 인생의 마지막 시간을 보내는 환자, 외딴 무인도에 갇힌 표류자는 한때 중요하게 보였던 것들이 사랑하는 사람들의 얼굴을 한 번 더 보는 것에 비하면 아무것도 아니라는 사실을 깨닫는다.

우리가 관심을 기울이든 기울이지 않든 우리 모두에게는 깊은 내면세계가 있다. 그 속으로 들어가는 법은 분명 '배울' 수 있는 것이니 우리에게 더 큰 소망이 있다.

건강한 거리두기, 내려놓음

우리 존재의 가장 깊은 곳으로 들어가 하나님의 임재를 발견하고, 그곳에서 그분을 경험하며 그분과 교제해야 한다. 우리 안에 있는 그분의 실질적인 임재로 들어가면 이기는 힘을 받을 수 있다. 출발점은 간단하다. 그저 그분께 관심을 기울이기만 하면 된다.

은둔자 테오판은 이렇게 가르쳤다. "머리와 함께 가슴으로 내려가야 한다. 거기서 우리 안에 늘 계시며 모든 것을 보시는 하나님의 존전에 선다."[6]

이 말은 너무도 심오하고 영적으로 들리는 인용문 중 하나다. 하지만 우리는 그가 무슨 말을 하는지 잘 모른다. 언뜻 보면 우리의 경험을 초월하는 것처럼 보인다. 하지만 전혀 그렇지 않다. 여기서 핵심은 내려가는 것이다. 우리 안에서 하나님의 임재 속으로 내려가 거기서 그분의 힘을 받는 법을 배워야 한다. "머리와 함께 가슴으로 내려가야 한다"라는 테오판의 말에서 "머리"는 의도적인 주의 집중을, '가슴'은 우리 존재의 깊은 곳을 말하는 것으로 보인다.

시편 기자는 존재의 가장 깊은 곳에서 하나님께 부르짖었다. 그러고 나서 하나님께 주의를 온전히 집중했다.

> 여호와여 내가 깊은 곳에서 주께 부르짖었나이다 주여 내 소리를
> 들으시며 나의 부르짖는 소리에 귀를 기울이소서 …… 나 곧
> 내 영혼은 여호와를 기다리며 나는 주의 말씀을 바라는도다
> 파수꾼이 아침을 기다림보다 내 영혼이 주를 더 기다리나니
> 참으로 파수꾼이 아침을 기다림보다 더하도다.
>
> 시편 130편 1-2, 5-6절

파수꾼들은 저 멀리까지 유심히 살핀다. 자신들과 자신들이 보호하는 성 주민들의 생명이 자신들의 주의 집중에 달려 있기 때문이다. 시편 기자는 자신이 사는 세상의 비유를 사용하여 전심으로 하나님을 찾는 '온전한 집중'에 관해 이야기했다. 우리의 온 존재를 하나님께로 향해야 한다(이것을 배우면 삶 속에 정말 좋은 열매가 맺힌다).

이제부터 하나님께 관심을 온전히 집중하는 시간을 따로 떼어 놓으라(전쟁은 언제나 우리의 관심을 두고 벌어진다). 새로운 생각이란 우리 안에 거하시는 하나님께 관심을 집중하는 것을 의미한다. 주변 세상을 차단하고 정신을 집중하면 우리 안에 계신 예수님의 임재가 느껴진다. 하나님께 위로를 받는 경험을 생각해 보라. 그 위로는 거의 대부분 우리 안에서 이루어지는 경험이다. 위로의 말이나 성경 구절이 이 위로를 도울 수는 있지만 위로 자체는 우리 '안에서' 이루어진다. 따라서 우리 안에서 이루어지는 하나님의 역사에 정신을 집중해야 한다.

하나님을 찾는 일은 언제나 그분을 사랑하는 데서 출발한다. 자신의 깊은 곳에서 예수님이나 아버지 하나님, 성령을 사랑하기 시작하라. "하나님, 사랑합니다. 하나님, 사랑합니다. 하나님, 사랑합니다." 천천히 사랑을 느끼라. "하나님, 사랑합니다. 하나님, 사랑합니다." 이것은 얕은 지대의 방해 요소들을 의식적으로 몰아내는 것이다. 방해 요소들을 차단하라. 그것들을 무시하기로 선택하라. 자기 존재의 깊은 곳으로 들어가라. 의식적이고 의도적으로 우리 안에 계신 예수님을 사랑하면 성령이 그분과의 교제로 인도해 주신다.

하루 중 99퍼센트는 우리의 관심이 중간 지대와 얕은 지대에 머물기 때문에 좀 더 깊이 '내려가기' 위해서는 그 모든 방해 요소들을 떨쳐 내야 한다. 이 부분에서 삶에 대한 건강한 거리두기 자세가 도움이 된다. 이때 삶에 대한 건강한 거리두기라 함은 모든 사람과 모든 것을 하나님께 맡기는 것이다. 내 책 *Get Your Life Back*(삶을 되찾으라)에서 이 훈련을 다음과 같이 설명했다.

> 내려놓음이 목표다. 뭐든 우리를 짓누르는 것을 하나님의 손에 넘기고 '거기에 남겨 두는' 것이다. 우리는 삶에 얽힌 복잡한 드라마에 건강하지 못한 방식으로 사로잡혀서, 분명하게 보고 적절한 경계를 설정하고 자유롭게 반응하지 못하기가 너무도 쉽다.[7]

> 너희 염려를 다 주께 맡기라 이는 그가 너희를 돌보심이라.
> 베드로전서 5장 7절

우리의 삶 속에서 건강한 거리두기 자세를 되찾을 방법을 찾아야 한다.

세상을 내려놓아야 한다. 사람들, 위기, 트라우마, 복잡한 일, 그 모든 것을 내려놓아야 한다. 살다 보면 때로 그냥 내려놓아야 할 때가 있다. 세상의 모든 비극, 상심, 최근 총기 난사 사건, 지진까지, 인간의 영혼은 이런 것을 견디도록 지음받지 않았다. 인간의 영혼은 이런 세상 속에 거하도록 지음받지 않았다. 이 모든 것은 너무나도 버겁다. 우리의 영혼은 한계가 있다. 우리는 세상 슬픔을 모두 짊어지지 못한다. 오직 하나님만이 그렇게 하실 수 있다. 오직 그분만이 무한하시다. 살다 보면 때로는 그냥 내려놓아야 할 때가 있다. 떨쳐 버려야 한다. ……
삶에 대한 건강한 거리두기 자세는 훈련해야 갖출 수 있다. ……
"하나님, 모든 사람과 모든 것을 주님께 맡깁니다. 모든 사람과 모든 것을 주님께 맡깁니다." 보통 나는 이어서 구체적으로 고백해야 할 필요성을 느낀다. "제 자녀를 주님께 맡깁니다." 나는 자녀에 관해서 걱정하기 때문이다. "이 모임을 주님께 맡깁니다." "이 책을 당신께 맡깁니다." 이렇게 기도하고 나서 주의를 집중하면 당신이 실제로 내려놓고 있는지 아닌지 당신의 영혼이 말해 줄 것이다. 이런 기도를 하고 나서도 방금 내려놓은 것에 관해서 곰곰이 생각하고 있다면 실제로는 내려놓지 않은 것이다. 그런 경우에는 내려놓았다는 확신이 생길 때까지 이 과정을 반복하라.[8]

내려놓음은 새로운 성화의 수준에 도달하는 문제가 아니다.

단순히 삶을 멈추고서 모든 것을 내려놓는 것이다. 한번 해 보면 내려놓는 것이 얼마나 좋은지를 이해하게 될 것이다.

하나님을 찾기 위해 우리 안 깊은 곳으로 들어가는 시간이 삶에 대한 건강한 거리두기를 실천하기에 적합한 시간이다. 모든 것을 영원히 내려놓는 것이 아니라 집중된 기도를 위해 몇 분간만 내려놓는다고 생각하면 편하기 때문이다. 성숙한 신자들은 평소에도 늘 내려놓음을 실천할 수 있지만, 우리는 하나님을 찾기 위해 자기 존재의 깊은 곳으로 들어갈 때만이라도 내려놓음을 실천해야 한다.

베드로전서 5장 7절에서 강권하는 것처럼 모든 근심을 주님께 맡기라. 단 몇 분간이라도 세상 모든 것을 하나님의 손 위에 내려놓으라. 상황을 통제하려는 마음을 내려놓고 잠시 세상을 잊으라.

"모든 사람과 모든 것을 내게 맡기라." 예수님은 그렇게 내게 내려놓는 법을 가르치기 시작하셨다. 그때 나는 그분 말씀에 순종하기 위해 이 문장을 따라 했다. "하나님, 모든 사람과 모든 것을 주님께 맡기겠습니다. 모든 사람과 모든 것을 주님께 맡기겠습니다." 이렇게 하면 내 관심을 내 존재의 깊은 곳에 집중할 수 있다.

우리 대부분은 존재의 깊은 곳에서 뭔가를 얻는 훈련이 되어 있지 않다. 우리가 사는 세상이 시끄럽고 혼란스러운 세상이 끊임없이 우리를 끌어당기고 밀며 한눈을 팔게 만들기 때문이다.

그래서 우리는 신앙생활의 표면 위에만 머물기가 쉽다. 하지만 내려놓는 믿음의 훈련을 하면 세상의 소리에 귀를 닫고 내면 깊은 곳에서 예수님의 아름다운 임재를 발견할 수 있다. 기도할 때, 그 기도의 대상이신 하나님이 어디에 계신지를 기억하라.

당신은 저 위에 계신 하늘의 하나님께 기도하고 있는가?

항상 당신과 함께, 당신 곁에 계신 예수님께 기도하고 있는가?

당신의 마음 깊은 곳에 거하시는 예수님께 기도하고 있는가? 당신 안에 거하시는 하나님께 기도하고 있는가?

깊은 곳에서 능력을 얻으려면 깊은 곳을 바라봐야 한다. 십자가의 성 요한은 극도로 가난한 한 사람에게 내려오는 천사에 관한 아름다운 시를 썼다. 천사는 그 사람을 어느 숲으로 이끌었고, 특정한 곳에서 땅을 파라고 말했다. 열심히 땅을 파던 그는 땅속에 묻혀 있는 보물을 발견했다. 요한은 천사가 우리에게 하는 말로 시를 갈무리한다. "여기, 네 영혼 속을 파라."

이와 관련해서 성령께 도움을 요청해야 한다.

성령은 모든 것 곧 하나님의 깊은 것까지도 통달하시느니라
사람의 일을 사람의 속에 있는 영 외에 누가 알리요.
고린도전서 2장 10-11절

성령도 우리의 연약함을 도우시나니 우리는 마땅히 기도할

바를 알지 못하나 오직 성령이 …… 우리를 위하여 친히
간구하시느니라 마음을 살피시는 이가 성령의 생각을 아시나니
이는 성령이 하나님의 뜻대로 성도를 위하여 간구하심이니라.

로마서 8장 26-27절

나는 이렇게 기도한다.

성령님, 제가 내려가도록 도와주옵소서. 제 안에 계신 그리스도를
발견하게 도와주옵소서. 그리스도를 따라 제 존재의 깊은 곳으로
내려가도록 도와주옵소서. 거기서 주님과 교제하고 싶습니다.

편안한 몸의 자세가 도움이 될 수 있다. 특히 처음에는 더 그
렇다. 그 자세에 익숙해지면 버스나 비행기, 심지어 회의실까지
어디서나 이 훈련을 실천할 수 있다. 하지만 초기에는 조용한 장
소를 찾아 내면에 주의를 집중할 수 있는 자세를 취하는 것이 좋
다. 나는 좋아하는 의자에 앉거나 바닥에 앉아 그 의자에 기대고
무릎을 가슴까지 끌어당긴 뒤 팔로 무릎을 감싸는 자세를 좋아한
다. 고개는 팔 안으로 숙여 거의 태아 자세에 가깝게 웅크린다. 이
렇게 하면 주변 세상과 물리적으로 차단되어 내면으로 깊이 내려
가는 데 도움이 된다.

우리 안에 계신 하나님께 관심을 집중하려고 노력하면서 계속

해서 그분을 사랑하라. 그렇게 하면 우리의 존재가 그분의 임재를 향해 열린다.

"주님, 사랑합니다. 주님, 사랑합니다. 주님, 사랑합니다."

예수님께 관심을 오랫동안 집중하는 것이 대부분의 사람들에게는 생소한 경험일 것이다. 요즘 사람들은 '그 무엇에도' 오랫동안 관심을 집중하지 않기 때문이다. 이 훈련은 집중력을 강화해 주는 효과도 있다. 그 자체만으로도 유익이다. 이 훈련은 정신적인 회복력을 길러 준다.

나는 다음과 같은 방식으로 이 훈련을 시작했다. 평소에 기도하거나 조용히 묵상하는 시간에 예수님께 내 관심을 온전히 집중했다. 그런데 그분을 발견하여 그분께로 다가가자마자 그분이 내게서 멀어지시는 것마냥 느껴졌다. 그분의 임재가 뒤로 물러나거나 혹은 내 안으로 더 깊이 들어가는 것처럼 보였다. 처음에는 혼란스러웠다. 나는 가까이 다가가려고 하는데 왜 주님은 물러나시는 것인가?

포기와 불신(우리 모두 안에 있는 '그러면 그렇지'라는 마음가짐)에 빠지는 대신, 어찌 된 영문인지 여쭈었다. 그러자 예수님은 "따라오라"라고 대답하셨다. 그때 그분이 나를 내 존재 속으로 더 깊이 이끌려고 하신다는 사실을 깨달았다. 그분은 내가 얕은 지대의 시끌벅적함과 중간 지대의 상처에서 나와 내 안에 있는 그분의 임재를 더 깊이 경험하기를 원하고 계셨다.

자신에게 너그럽게 굴라. 나도 내 안에 계신 하나님과 진정한 교제를 하다가 갑자기 어떤 방해 요소 때문에 얕은 지대로, 혹은 어떤 근심 때문에 중간 지대로 확 끌려간 적이 많다. 이런 경험을 하더라도 당황하지 말라. 이는 매우 흔한 일이다. 온 세상이 항상 우리를 향해 소리치고 있으니까 말이다. 사방에 우리의 관심을 잡아끄는 것이 가득한 이 세상에서 하나님과 오랫동안 교제하기란 쉽지 않은 일이다. 그냥 '아, 표면으로 도로 올라왔네'라고 인정하면서 편하게 넘어가라. 다시 아래로 내려가면 그만이다.

우리 내면 깊은 곳에서 예수님을 발견하면 무엇을 발견하게 될까? 그 순간, 당신의 필요를 다루시는 무한한 선하심을 발견하게 된다. 사랑을 발견하게 된다. 이 훈련이 그저 하나님의 사랑을 알고 경험하는 시간이 되는 경우도 많다. 그 사랑 안에 한동안 머물라. 그것만으로도 충분하다. 내 존재의 깊은 아래로 내려가기 힘들 때는 주로 사랑의 길을 따라간다. 내 안에 사랑의 갈망이 있는 곳을 찾아간다. 빵 부스러기를 따라 집으로 간 헨젤과 그레텔처럼 그 갈망을 따라 예수님께로 나아간다. 그 갈망을 따라가면 내 존재 가장 깊은 곳에 있는 사랑의 장소에서 항상 살고 계신 예수님께로 이른다.

예수님이 소망의 갈망을 찾으라고 지시하신 적도 있다. 그 갈망 역시 너무 멀지 않은 곳에 있었다. 그 갈망을 따라 내 존재의 깊은 곳으로 내려갔다.

우리 안에 계신 하나님의 임재와 교제하면 이기는 힘을 받을 수 있다. 그분의 영광스러운 회복력은 언제나 우리에게 열려 있다. 우리 안에 계신 예수님의 임재 안에 한동안 머물기만 해도 우리는 강해진다. 핵심은 교제다. 잊지 말라. 초자연적 은혜라고 해서 무조건 극적인 것은 아니다. 불꽃놀이처럼 화려하고 폭발적인 것만을 찾지 말라. 하나님은 한없이 부드러우신 분이다. 그분의 사랑과 힘을 받는 것은 대개 잔잔한 경험에서 나온다.

때로 하나님이 우리에게 뭔가를 말씀하시거나 알려 주고 싶어 하신다는 느낌이 들 수 있다. 그럴 때 그분께 관심을 집중하라.

성령님, 예수님이 제게 하시는 말씀을 들을 수 있게 도와주옵소서.
성령님, 예수님이 제게 보여 주시는 것을 볼 수 있게 도와주옵소서.

나는 이 훈련을 통해 예수님과의 아름다운 만남을 수없이 가졌다. 그분은 내게 새로운 지구를 보여 주셨다. 그것의 아름다움과 그 완전한 승리는 보는 것 자체로 치유가 되고 내 안에 확신에 이르는 힘이 가득해졌다. 그분은 내게 웃음과 기쁨이 가득한 하나님의 도성을 보여 주셨다. 그 덕분에 그곳에 가고 싶은 열망이 더욱 커졌다.

그저 예수님이 무엇을 하시는지 주의를 집중하라. 그러면 매번 놀라운 경험을 하게 될 것이다.

내 안에 계신
예수님께로 파고들라

● 조용한 장소를 찾아보라. 집이 시끄러워도 문을 닫을 수 있으니 화장실이나 벽장 안도 좋다. 대신 휴대폰을 갖고 들어가지는 말라. 타이머나 음악이 필요하면 비행기 모드로 변경하라. 무릎을 가슴에 붙이고 팔로 무릎을 감싸는 것 같은 편안한 자세를 취하라. 누워 있게 되면 잠이 들 수 있어서 추천하지 않는다(우리 모두는 몹시 지쳐 있기 때문이다). 때로 편안한 담요가 마음을 가라앉히는 데 도움이 될 수 있다.

나는 가끔 잔잔한 악기로 연주하는 음악을 틀어 놓는다. 내가 크게 신경 쓰지 않아도 경건한 분위기만 조성해 주는 음악을 사용한다. 가사도 없고, 그냥 잔잔한 악기 연주여야 한다.

그다음, 간단한 기도로 시작하라.

주님, 주님의 임재를 갈망합니다. 제 안에 주님이 거하시는
곳에서 주님과 교제하도록 도와주옵소서.

이 기도를 몇 번씩 반복하라. 이런 종류의 기도에서는 반복이 큰 도움이 된다. 이 기도를 반복하면서 하나님께로 마음을 향하라.

분주한 마음을 가라앉히면서 삶에 대한 건강한 거리두기를 실천하라.

> 예수님, 모든 사람과 모든 것을 주님께 맡깁니다.
> 모든 사람과 모든 것을 주님께 맡깁니다.

이 기도를 몇 번씩 반복하라. 뭔가가 계속해서 집중하는 것을 방해하면 특별히 그 문제를 하나님께 맡기라.

> 제 자녀, 제 일, 제 이메일을 주님께 맡깁니다.

온갖 걱정거리에 갇혀 있지 말라. 얕은 지대를 그냥 무시하고 당신 안에 계신 예수님께 계속해서 관심을 집중하라. 성령의 도우심을 구하라.

> 성령님, 깊이 내려가도록 도와주옵소서.
> 제 안에 계신 그리스도를 찾도록 도와주옵소서.
> 그리스도를 따라 제 안의 깊은 곳으로 들어가게 도와주옵소서.
> 그곳에서 주님과 교제하기를 원합니다.

'당신 안에'(위에 계신 하나님이나 곁에 계신 그리스도를 보지 말고 당신 안을 보라) 계신 예수님, 성부 하나님, 성령을 사랑하면서 시작하라.

하나님, 사랑합니다. 하나님, 사랑합니다. 사랑합니다.

천천히 하나님과의 교제 가운데 들어가라.

하나님, 사랑합니다. 하나님, 사랑합니다. 사랑합니다.

당신 안에 계신 예수님을 의식하며 그분을 따라 더 깊이 들어가라.

그분이 하기 원하시는 일에 마음을 열라. 위로가 찾아오거나 말씀이 들릴지도 모른다. 혹은 그분이 당신에게 뭔가를 보여 주기 원하실 수도 있다. 그분의 인도하심을 따르라.

이것은 일반적인 기도 시간이 아니다. 중간 지대에 자리한 염려들을 갖고 기도하지 말라. 다른 사람들을 위해 중보기도도 하지 말라. 이 소중한 시간에는 오직 한 가지, 즉 하나님과의 교제에만 집중하라. 그곳에 한참 동안 머물면서 하나님의 영광스러운 힘을 구하라.

아버지 하나님, 예수님, 성령님, 제 존재의 깊은 곳에 주님의 영광을 가득 채워 주옵소서. 주님, 제 안에 주님의 영광을 채워 주옵소서. 제 존재의 가장 깊은 곳에 주님의 생수의 강이 흐르게 하옵소서. 주님, 이기는 힘을 주옵소서. 주님의 영광스러운 힘을 제 안에 채워 주옵소서. 초자연적 회복력을 주옵소서.

9 ×

하나님이
밀려나 있던 일상,
하나씩 제자리로

지친 상태에서 내리는 결정 = 위험한 결정

추락은 순식간에 일어났다. 2002년 5월 30일, 네 명의 산악인이 서로를 줄로 연결한 채 피켈과 아이젠을 사용하여 후드산 정상에서 내려오고 있었다. 방금 전 그들은 다섯 시간에 걸친 고된 산행 끝에 막 정상에서 하이파이브를 했다. 이제 산에서 내려올 차례였다. 그런데 어떤 이유에서인지 그들은 안전장치를 뽑고, 서로를 줄로만 연결한 채 하산을 시도했다. 지친 산악인들은 아이젠의 뾰족한 끝으로 얼음을 타고 내려갔다.

그러다 맨 위에 있던 사람이 미끄러져서 떨어졌다. 그와 바로 아랫사람 사이의 줄 간격은 10미터에 불과했다. 맨 윗 사람이 20미터 아래로 떨어지자 줄이 팽팽해졌다. 이는 7층 건물에서 떨어진 것과 같았다. 그것도 최소한 시속 50킬로미터 속도로. 떨어지면서 줄이 바로 아래 사람을 확 끌어당겼다. 속도와 힘이 더 붙었다. 그런 식으로 네 명 모두 산에서 떨어지고 말았다. 그들은 크레바스 아래로 빙빙 돌며 곤두박질했고, 그러면서 다른 두 팀까지 줄에 걸렸다. 그렇게 모두 심연 속으로 추락했다. 그날 그 사고로 세 명의 산악인이 사망했다.

왜 그들은 그토록 위험한 방식으로 내려왔을까? 로렌스 곤잘레스는 《생존》에서 다음과 같이 말했다.

> 대부분의 산악인들은 지친 상태, 탈수와 저산소증, 저혈당증,
> 때로는 저체온증 상태에서 정상에 도착한다. 이런 요인 중 하나만
> 있어도 정신적·신체적 능력이 크게 떨어지기에 충분하다.
> 하물며 이 요인이 모두 모인다면? 서투르고 부주의해져서 사고가
> 일어나기 쉽다. 판단력이 흐려지고 만다.[1]

그 때에 천국은 마치 등을 들고 신랑을 맞으러 나간 열 처녀와 같다 하리니

그중의 다섯은 미련하고 다섯은 슬기 있는 자라

미련한 자들은 등을 가지되 기름을 가지지 아니하고

슬기 있는 자들은 그릇에 기름을 담아 등과 함께 가져갔더니

신랑이 더디 오므로 다 졸며 잘새 밤중에 소리가 나되

보라 신랑이로다 맞으러 나오라 하매 이에 그 처녀들이 다 일어나 등을 준비할새

미련한 자들이 슬기 있는 자들에게 이르되

우리 등불이 꺼져 가니 너희 기름을 좀 나눠 달라 하거늘.

마태복음 25장 1-8절

대부분의 독자들에게 이 비유는 불안감과 혼란을 주는 이야기가 아닐까 싶다. 단지 '기름'이 떨어졌다는 이유로 새 에덴의 혼인 잔치에서 배제된다고? 이것이 무슨 의미인가? 이 상황을 어떻게 피할 수 있을까?

대부분 예수님은 비유의 의미를 계속해서 해석해 주셨다. 하지만 이 비유에서는 그러시지 않았다. 이 비유에 해석이 따르지 않은 점이 의아하다. 이런 중요한 경고를 왜 해석해 주시지 않

았을까? 혹시 일부러 우리를 불안하게 하신 거라면? 우리의 관심을 끌고 싶으셨던 거라면? 우리가 깊이 고민하기를 원하셨던 거라면?

열 처녀 비유가 무엇을 의미하든 한 가지 교훈은 분명하다. 우리는 예수님을 향한 사랑과 헌신, 그분과의 깊은 연합을 날마다 새롭게 해야 한다는 것이다. 사랑과 헌신이 바닥나지 않게 해야 한다. 그리스도께서 돌아오시기 전까지 내주하시는 하나님이 주시는 초자연적 회복력이 떨어지지 않게 해야 한다.

나는 이 비유 속 "기름"이 우리 안에 계신 하나님이라고 생각한다. 성경은 반복적으로 성령을 기름에 빗댄다. 성경은 하나님의 임재인 성령으로 충만하라고 말한다. 하나님이 인간의 영혼을 위한 연료라는 C. S. 루이스의 말과 함께 생각하면 이 비유가 이해가 된다.

> 하나님은 우리를 지으셨다. 인간이 엔진을 발명하듯 하나님은 우리를 발명하셨다. …… 하나님은 인간이란 기계가 그분 자신을 연료로 움직이도록 설계하셨다. 하나님이 우리의 영이 태워야 할 연료요, 먹어야 할 음식이다.[2]

또한 하나님은 생명의 샘이시다. 우리는 생명의 원천을 필요로 하는 빈 그릇일 뿐이다. 우리 안에 계신 예수님이 우리에게 회복력을 주셔야 한다. 그 안타까운 다섯 처녀들에게 일어난 문제의 핵심은 다름 아닌 하나님이 바닥난 상태다. 그들은 자신이 하나님으로 채워져 있다는 사실을 알지 못했다. 그래서 밤사이 하나님이 바닥이 나고야 말았다.

우리 내면이 하나님으로 늘 가득 차 있게 해야 한다. 그러려면 그렇게 하려는 '의도'가 있어야 한다. 열 처녀 비유는 이 점을 분명히 보여 준다.

우리가 지금까지 다룬 내용을 모두 정리해 보겠다. 지금 우리는 다음과 같은 상황에 처해 있다.

1. 우리는 오랫동안 안락의 문화 속에서 살아온 탓에 물러지고 약해지고 회복력을 잃었다(우리의 가장 큰 위기라고 해 봐야 스타벅스에 길게 늘어선 줄이나 휴대폰 배터리 방전이었다).

2. 그러다가 전 세계적인 팬데믹과 트라우마가 찾아왔다. 그래서 우리는 고갈되고 만신창이가 되었다.

3. 지금 우리는 트라우마에서 회복하려고 노력 중이다. 이 사실을 인정해야 한다. 모든 것이 정상으로 돌아온 것처럼 구는 것은 기만이다.

4. 지금 우리는 특히 취약한 상태다. 황폐함을 비롯해 온갖 약탈적인 힘들이 우리가 희망을 잃고 포기하거나 믿음을 버리거나 하나님이 아닌 다른 것들에서 위안을 찾게 하려고

애쓰고 있다.

예수님은 인내와 회복력을 얻으라고 말씀하신다. 이 힘은 그분 안에서만 얻을 수 있다. 하지만 이 힘은 저절로 주어지지 않는다. 우리는 이기는 힘을 쟁취해야 한다.

그렇다면 이 위기를 극복하기 위한 당신의 계획은 무엇인가? 구체적인 계획이 필요하다. 회복력과 승리는 푹신한 소파에 앉아 텔레비전을 보면서 쉰다고 찾아오지 않는다.

일단, 삶을 재조정하기만 해도 큰 도움이 된다.

세상이 정말 미쳐 돌아가고 있어.

나는 그런 세상에 끌려다니지 않겠어.

회복을 위해 내 삶을 재조정하겠어.

이제 이 방향으로 나아가겠어.

사람들은 늘 삶을 조정한다. 아이를 낳거나 직업적 진로를 바꾸거나 학위나 꿈을 좇거나, 심지어 단순히 자전거 타기를 시작하기 위해서도 삶을 조정한다. 지금까지 이 책에서 다룬 모든 내용을 바탕으로 강권한다. 과거에서 회복되고 미래를 위한 회복력을 기르기 위해 삶을 재조정하라.

하지만 지금은 보통 힘든 시기가 아니다. 그래서 정말 큰 도움이 되는 몇 가지를 제안하고 싶다. 하지만 요즘 대부분의 사람들은 정서적으로나 정신적으로나 여유가 별로 없다. 그런 당신에게 부담을 더해 주고 싶은 마음은 눈곱만큼도 없다. 그래서 두 가지만 강력히 추천하고 싶다. 회복을 원한다면 다른 것은 다 하지 않아도 이 두 가지만은 반드시 하라.

* **예수님을 향한 사랑과 헌신을 새롭게 하라.** 매일 그분을 사랑하는 시간을 가지라. 그렇게 하면 예수님과의 연합이 깊어지며, 당신 안에 계신 예수님의 생명을 받을 수 있다. 아주 간단하지 않은가? 그런데도 대부분의 사람들은 예수님을 사랑하기 위해 하루에 단 5분도 시간을 내지 않는다. 그들은 자신들이 무엇을 놓치고 있는지 모른다.

* **삶 속에 영혼이 숨을 쉴 만한 잠깐의 여유를 마련하라.** 계속해서 질주할 수는 없다. 회복을 위한 여유가 필요하다. 아침저녁으로 5-10분이라도 시간을 내서 시작해도 좋다. 매주 며칠간은 밤에 아무것도 하지 말라. 가끔씩은 하루를 온전히 쉬라.

이 여유 시간에 하나님께 초자연적 은혜를 구하라. 삶에 건강한 거리를 두는 자세, 이기는 힘, 하나님의 영광, 생수의 강을 구하라. 자신의 존재의 가장 깊은 곳으로 내려가 거기서 예수님과 교제하라. 장담컨대, 이 두 가지만 하면 삶이 완전히 달라질 것이다.

우리 팀은 '회복력으로 가는 30일'(30 Days to Resilience)이라고 부르는 이 간단한 활동을 돕기 위한 앱을 개발했다. 이 앱을 활용하여 아침, 정오, 밤에 예수님께 다시 집중하고 기도하며 성경을 듣고 아름다운 음악을 들으며 쉴 수 있다. 시간은 단 몇 분밖에 걸리지 않지만 직접 해 보면 얼마나 상쾌해지는지 모른다. '1분 멈춤'(One Minute Pause)이라는 앱을 통해 '회복력으로 가는 30일'을 경험해 볼 수 있다. 앱 스토어에서 무료로 받을 수 있으니 한번 사용해 보라.

자, 회복력을 좀 더 진지하게 받아들이는 독자들을 위해 두 가지 처방을 소개하고 싶다. 첫 번째는 팬데믹뿐 아니라 그동안 인생에서 경험한 모든 트라우마를 극복하도록 도와주는 실질적인 삶의 패턴들에 초점을 맞춘다. 두 번째는 내면으로 더 깊이 들어가, 다가올 시험을 다루기 위한 내적 힘인 회복력을 기르는 법을 살핀다.

회복으로 가는 길

운동선수들에게 물어보면 그들에게 가장 중요한 부분은 훈련이 아니라고 말할 것이다. 가장 중요한 부분은 바로 회복이다. 운

동선수들이 부상을 입는 첫 번째 원인은 훈련 사이의 회복 시간이 부족한 데 있다.[3]

이 사실은 언뜻 납득이 잘 안 되기 때문에 다시 한번 강조한다. 운동선수가 성과를 내기 위해서는 훈련보다 회복이 더 중요하다. 강한 운동을 하기 전후에 몸을 쉬게 해야 한다. "모든 근육을 쉬게 해 주지 않으면 회복 능력이 떨어진다. 쉼이 불충분하면 몸을 만드는 과정이 느려지고 부상 위험이 커진다."[4]

이 원리는 우리의 마음과 영혼에도 똑같이 적용된다. 회복하는 동안의 활동을 보면 누가 탈진하고 누가 탈진하지 않을지 꽤 정확하게 예측할 수 있다.

하지만 대부분의 사람들은 회복을 진지하게 받아들이지 않는다. 그러다가 자신의 영혼이 수백 킬로미터를 걷다가 주저앉은 낙타처럼 갑자기 무너져 버리면 그제야 충격을 받고 상심한다. 그렇다면 어떻게 회복력을 기를 것인가? 당신의 계획은 무엇인가?[5]

트라우마를 치유하려면 그것이 어떤 트라우마이며 우리에게 어떤 영향을 미쳤는지를 파악해야 한다. 이 치유 기법은 모든 훌륭한 상담가들이 사용하는 '이야기 기법'이다. "무슨 일이 일어났나요? 어떤 일이었나요? 이야기해 보세요." 이 내러티브적 접근은 트라우마를 다루고 뇌의 연결을 바꾸는 데 도움이 된다.[6]

2020년 11월에서 2021년으로 넘어가는 길목에서 많은 이들이 새해 계획을 세우고 목표를 정했다. 당시만 해도 새해에 대한 기대가 나름대로 컸다. "2020년이 어서 끝났으면 좋겠어"라는 말을 자주 들었다. 하지만 정작 뚜껑을 열어 보니 2021년의 세상도 2020년과 별다르지 않았다. 그럼에도 우리는 어떻게든 긍정적인 시각을 부여잡으려고 했다.

하지만 나는 그럴 수 없었다. 나 역시 새해를 꿈꾸고 싶었지만 내 영혼이 따라 주지 않았다. 당시 내 영혼은 '깊은 슬픔'에 빠져 있었다. 2020년에 너무도 많은 상실과 상심이 있었기에 그것을 다루지 않고서는 그냥 넘어갈 수 없었다. 그래서 종이 한 장을 들고 앉아서 그동안 내가 겪은 모든 일을 글로 옮기기 시작했다. 마치 내게 트라우마를 준 사건에 관해 상담가에게 털어놓듯 글을 토해 내기 시작했다. 이것들이 진짜 상실이었다고 말하며 내 영혼의 아픔을 인정해 주는 시간이 필요했다(다른 모든 사람이 '아무렇지도 않은 것'처럼 행동하고 있을 때는 이렇게 하기 쉽지 않다). 내 슬픔을 확인하고 슬퍼하는 시간을 가져야 한다. 내 안에 숨은 슬픔을 꺼내 표현하는 시간이 필요했다.

슬퍼하는 시간 없이 트라우마를 치유할 수는 없다. 따라서 너나없이 모두가 피상적인 기쁨을 향해 미친 듯이 달려가고, '상황이 정상으로 돌아가고 있다'라며 현실을 부정하는 것은 우리 영혼에 저지르는 매우 잔인한 짓이다. 모두가 슬픔을 그냥 덮어 두려고만 하고 있다. 하지만 우리는 내면 깊은 곳에서 그 슬픔 그대로를 안고서 살아가고 있다.

두 가지를 제안하고 싶다. 첫째, 지난 시기가 당신에게 어떠했는지를 돌아보라. 상실, 두려움, 분노와 좌절감의 원인을 확인하라. 내가 상담가로서 당신 앞에 앉아서 다음과 같이 묻는다고 상상하라.

  * 지난 시기가 어땠나요?
  * 무엇이 힘들었나요?
  * 무엇이 미치도록 고통스러웠나요?
  * 어떤 일이 일어나지 않았으면 좋았을 거라고 생각하나요?

모든 아픔을 꺼내라. 자신의 슬픔을 있는 그대로 인정해 주라. 충분히 슬퍼하는 시간을 가지라.

둘째, 현재에 관심을 기울이라. '지금 이 순간'에 관심을 가지는 것이 훨씬 좋다. 지금 어떤 기분인지, 무엇이 필요한지, 당신의 영혼이 어떤 영향을 받고 있는지를 확인하라. 지금과 같은 시기를 사는 데 어떤 대가가 따르는지 늘 유심히 관찰하라. 사람을 사랑하는 마음, 사람과 지역사회, 피조 세계를 향한 예수님의 긍휼함을 품는다면 지금과 같은 시기를 지내며 마음이 많이 아플 수밖에 없다. 자신의 현재 상황을 글로 쓰면서 자신의 영혼을 돌보라. 아무렇지도 않은 척하지 말라.

한편, 시편은 정확히 이런 본보기를 보여 주고 있다. 다윗을 비롯한 시편 기자들은 자기 주변에서 일어나는 일과 그로 인한 자신의 심정을 날것 그대로 표현하면서 하나님께 부르짖는다. 예를 들어 시편 6, 13, 42편을 읽어 보라. 이 시편들을 정서적으로 건강한 상태로 나아가기 위한 지침으로 삼으라.

그리고 삶에 대한 건강한 거리두기 자세를 연습하라. 매일 예수님께 모든 것을 맡기라. 점점 더 미친 듯이 질주하고 점점 더 깊이 현실 부정에 빠져드는 세상을 볼수록 점점 더 화가 날 수밖에 없다. 예수님은 그런 내게 계속해서 말씀하신다.

"그 모든 것을 내게 맡기라."

그러면 나는 이렇게 대답한다.

"예, 주님, 모든 것을 주님 앞에 내려놓겠습니다. 오직 주님만이 구원하실 수 있습니다."

보유고 채우기

보유고를 채우기 위해 계획을 재조정할 필요성도 있다.

잊지 말라. 우리는 힘든 상황을 버티기 위해 보유고에 있는 자원을 사용한다. 심지어 결혼과 아이의 탄생 같은 기쁜 일에도 보유고의 자원이 소비된다. 우리 모두는 힘든 상황을 버티며 여기까지 왔다. 이제 보유고를 다시 채워야 한다.

계산은 의외로 단순하다. 나가는 것보다 들어오는 것이 많아지면 보유고는 채워진다. 이것이 사람들이 휴가지에서 더 기분 좋게 되어 일상으로 돌아오는 이유다. 이것이 안식일처럼 진정한 쉼을 가지면 전혀 다른 사람이 되어 돌아오는 이유다. 자동차의 연료탱크와 마찬가지로 우리 보유고는 마법처럼 저절로 채워지지 않는다. 우리가 '정상적인 평범한 삶'이라고 부르는 것을 유지하기 위해 모든 연료를 태우기만 하면 알아서 보유고가 채워지지 않는다. 이것이 우리가 회복과 회복력을 위한 '계획'을 세워야 하는 이유다.

나가는 것보다 들어오는 것이 더 많은 시간들을 마련해야 한다.

우리의 가동 능력이 얼마든(최대 능력의 40퍼센트, 혹은 60퍼센트, 혹은 95퍼센트), 우리가 관심을 기울여야 하는 것은 '현재' 가동 능력이다. 보유고를 다시 채워 넣기 위해서 삶의 속도를 줄여야 한다.

벌써부터 반대하는 목소리들이 들리는 듯하다. "내가 어떻게 사는지 몰라서 하는 말이야? 회사에서 할 일이 얼마나 많은지 알기는 하나? 지금 우리 아이들에게 필요한 것이 너무나 많단 말이야." 우리 모두는 이토록 거센 압박에 시달리고 있다. 다른 사람들보다 훨씬 더 크게 짓눌리고 있는 사람도 많다. 하지만 이런 상황일지라도 방법이 있다.

우리는 근심, 분노, 불안, 세상의 온갖 부정적인 소식들을 통해 우리도 모르게 막대한 정서적·정신적·영적 에너지를 소비한다. 슬롯머신 앞에 서서 넋이 나간 표정으로 계속해서 돈을 집어넣는 도박 중독자를 상상해 보라. 곧 그의 지갑은 텅텅 빈다. 세상은 복잡다단한 일이 가득한 슬롯머신이다. 동전은 우리가 소유한 개인적인 자원이다. 우리도 도박 중독자처럼 연료를 모두 탕진하고 나서야 도박을 멈춘다.

하지만 연료가 다 닳기 전에 멈출 수 있다. 자신을 혹사시키다가 휴가를 가는 식으로 하지 않고서도, 지금 우리의 에너지를 갉아먹는 많은 것들에서 떠날 수 있다. 이제부터 삶에 대한 건강한 거리두기를 실천할 것을 강권한다.

보유고를 채워 넣기 위해, '일부러' 실제 능력보다 낮은 수준으로 일정하게 가동하는 주, 달, 한 해의 리듬을 일상의 습관으로 들여야 한다. 이러한 리듬은 꼭 휴가만을 의미하지 않는다. 다양한 리듬을 일상에 불어넣을 수 있다. 예를 들어, 계획표에서 매주 어떤 요일의 저녁 시간을 비워 놓을 것인지 정하라. 또한 일주일에 며칠은 저녁 시간에 아무것도 하지 않고 쉬어야 한다. 그 시간에는 휴대폰도 끄고 온전히 영혼이 쉬게 하라.

하나님은 일주일에 한 번 안식일을 가지라고 명령하신다. 이제 이 명령이 얼마나 중요한지를 이해했으리라 생각한다. 우리에게는 연료를 채워 넣을 여유 시간이 필요하다. 이 시간은 절대 건드리지도 타협하지도 말아야 한다.

삶에 숨통을 틔우기 위해 내가 발견한 가장 간단한 그리고 단연 가장 확실한 방법은 내가 세운 계획들을 놓고 예수님께 묻는 것이다.

* 이 사람들과 저녁 식사를 하는 것이 정말로 꼭 필요할까요?

* 이번 주에 꼭 거실에 페인트칠을 해야 할까요?

* 오늘 저녁에 이 사람에게 꼭 답신을 해 줘야 할까요?

내게 반드시 필요한 일, 피할 수 없는 일로 생각했던 것에 관해 예수님께 물었더니 그분이 그 압박에서 나를 구해 주신 경우가 너무도 많다. 예를 들어, 그날 그 전화를 꼭 할 필요가 없었다. 그 주에 그 프로젝트를 반드시 진행할 필요도 없었다. 누군가의 일에 관여해야 한다고 생각했는데 실상은 전혀 그렇지 않았다.

예수님은 내 삶 속에서 불가능하다고 생각했던 여유 시간을 계속해서 마련해 주셨다. 그리고 그 여유 시간 가운데 나는 점점 회복했다. 부족했던 내 보유고가 그 시간에 채워졌다.

놀이의 중요성

팬데믹이 한창 기승을 부리며 매일 수많은 사망자가 속출하고 사회적 긴장이 고조될 당시, 하나님은 나를 뜻밖의 회복의 길로 이끄셨다.

그것은 바로 스파이크볼(spikeball)이다. 땅 위로 약 20센티미터 정도 높이에 설치한 둥근 네트에 네 명이 둘러서서 하는 경기다. 둘이 한 팀이 되어, 총 두 팀이 겨루는 경기다. 탄력이 좋은 고무공을 네트에 튕겨 상대 팀이 받아치지 못하도록 있는 힘껏 공을

친다. 여느 경기처럼 점점 더 어려워지고 더 재미있게 만드는 다양한 룰이 있다. 한번 재미가 들리면 이기기 위해 그야말로 목숨을 걸고서라도 하게 된다.

동료들과 나는 최소한 하루에 한 번씩 우리 건물 뒤편에 있는 주차장으로 가서 치열한 스파이크볼을 즐긴다. 경기를 마치고 내 책상 앞으로 돌아올 때마다 내 얼굴에 미소가 가득해졌다. 기분이 상쾌해지고 피곤이 가시는 것을 느꼈다. 세상이 무너져 가는 중에 스파이크볼을 즐기는 것이 철없게 느껴지기도 했지만, 예수님은 세상이 무너지는 바로 그 상황에 놀이가 필요하다는 사실을 아셨다.

작가이자 저널리스트인 세바스찬 융거는 아프가니스탄 전쟁이 한창일 때 최전선 소대에서 복무했다. 대부분 남자로 구성된 이 젊은 병사들은 사수하기 어렵기로 악명 높은 코렌갈 계곡에 배치되었다. 여러 소대가 절벽과 무시무시한 적군들에 둘러싸인 최전선 기지를 돌아가며 사수했다. 위쪽에서 갑자기 총알이 사방으로 날아오는 일이 비일비재했다. 이보다 더 심하게 생존을 위협받는 상황도 별로 없을 것이다.

융거의 이야기에서 내 시선을 끈 것은 이 병사들이 죽음이 언제 찾아올지 모르는 이 위험천만한 외딴 기지에서도 갑자기 소년들이 놀듯 서로를 밀치고 때리는 장난을 즐기곤 했다는 것이다.

〔유도의〕 초크 동작은 허용되었다. 그래서 병사들은 그 누구도 뒤에서 몰래 다가오지 않도록 주로 뭔가에 등을 기대고 있었다. 누군가에게로 뛰어가다가는 위험해질 수 있었다. 모두가 소대, 더 들어가면 분대, 더 들어가면 조에 속해 있었기 때문이다. 한 명 이상이 누군가에게 뛰어가면 분대의 명예를 걸고 분대에 속한 모두가 나서서 도왔다. …… 이는 몇 초 만에 10-15명이 땅 위에 겹겹이 쌓일 수 있었다는 뜻이다.[7]

남자들은 전쟁터 같은 긴박한 상황에서도 이렇게 스포츠를 즐기고, 내기를 하고, 장비를 구할 수 있을 때는 몇 시간씩 비디오 게임을 즐겨 왔다. 유명한 탐험가 섀클턴과 그 일행은 배가 완전히 부서져서 남극 가장자리에 완전히 갇혔을 때도 빙판 위에서 축구를 즐겼다.

C. S. 루이스는 말년에 몸이 아파 케임브리지대학교 교수직을 억지로 그만두게 되었다. 슬픈 일이었다. 또한 루이스는 참아 주기 힘든 남성 입주 간호사와 함께해야 하는 상황이었다. 루이스는 자신의 시골 별장으로 많은 책을 가져왔다. 어느 날 간호사가 낮잠을 자고 있을 때 루이스와 그의 비서 월터 후퍼는 그 간호사 주위에 책으로 담을 쌓는 장난을 쳤다. 잠에서 깬 간호사는 책더미에 갇힌 자신의 모습을 보고 화들짝 놀랐다. 루이스가 생의 끝까지 아이 같은 유머 감각을 잃지 않았다는 점이 참 놀랍다.[8]

놀이는 흥분된 마음을 가라앉혀서 올바른 시각을 유지하도록 도와준다. 로렌스 곤잘레스는 《생존》에서 다음과 같이 말했다.

> 30도 이상의 급경사 지대 전문 〔산악〕 구조대원 가운데 몇몇은 시신 운반용 자루를 "장기 숙박용 비박색"이라 부른다. 잔인하게 들리지만 생존자들은 아무렇지 않게 웃으며 논다. 가장 끔찍한 상황에서도, 아니 특히 그런 상황에서 그들은 계속해서 웃고 논다. 현실을 다루려면 먼저 그 현실을 정확히 인식해야 한다. …… 놀이는 사람을 그 처한 환경에 맞닿게 해 주고, 웃음은 위협받는 기분을 감당할 수 있게 해 준다.[9]

내가 이 책을 쓰고 있는 지금, 우리는 역사상 가장 힘든 시기 중 한 지점을 지나고 있다. 하지만 30분쯤 뒤, 나는 마당으로 나가 우리 집 골든 리트리버와 공놀이를 해야 한다. 계속해서 치열하게 살 수는 없다. 인간의 영혼은 놀이를 필요로 한다. 이런 때일수록 특히 놀이가 필요하다.

당신은 어떤 놀이를 하고 있는가? 놀이는 회복에 도움을 준다. 놀이를 주신 하나님이 얼마나 감사한지!

회복력을 기르는 길

정신적·정서적·영적으로 '회복력'을 기르기 위해서는 삶을 재조정해야 한다.

정신적 회복력

정신적 회복력은 생각하는 삶을 통제할 때 형성되기 시작된다. 우리 모두가 자주 몰두하는 '추측'이라는 것에서 시작하라. 추측도 중독성이 있다. 추측은 제멋대로 날뛰는 야생마와도 같다. 고삐 같은 제약이 없으면 말은 미쳐서 날뛴다. 개인적인 삶에서도 이런 모습이 나타날 수 있다. '왜 줄리는 내 문자 메시지에 답장을 안 하지? 나한테 화가 난 게 틀림없어. 내가 전화할까? 나와 절교하고 싶은 건가? 내가 지난주에 한 말 때문인가?' …… 전 세계적 차원에서 이런 현상이 나타난다. '아, 이 세상은 어디로 향하고 있는 건가? 우리 자녀와 손주는 어떤 세상을 물려받게 될까? 식량을 비축해 두어야 할까? 뒷마당에 금이라도 묻어 두어야 하나?'

추측은 우리의 에너지를 갉아먹는다. 예수님도 추측을 금하셨다. "그러므로 내일 일을 위하여 염려하지 말라 내일 일은 내일이 염려할 것이요 한 날의 괴로움은 그 날로 족하니라"(마 6:34).

"염려하지 말라."

이것은 제안이 아니라 명령이다.

대부분의 사람들은 추측하는 습관을 손가락을 깨물거나 강박적으로 휴대폰을 만지작거리는 것과 같은 개인적인 약점으로 여기는 듯하다. 아마 당신은 추측하는 습관이 믿음과 소망과 사랑을 거스르는 것이라는 생각을 해 본 적이 없을 것이다.

추측하는 버릇을 버리기만 해도 정신적 회복력을 바로 기를 수 있다. 자신도 모르게 추측하기 시작할 때마다 '그만!'이라고 말하라.

생각을 다시 통제하라. '추측하는 데 몰두하지 않겠어. 추측은 믿음 없는 짓이야.' 자신의 생각을 즉시 하나님께 맡기라. "하나님 아버지, 아버지는 선하십니다. 아버지께서 저와 함께 계십니다. 아버지께서 여전히 만사를 통제하고 계십니다." 추측에 고삐를 채우면 정신적 회복력을 기를 수 있다.

SNS와 '뉴스'만 끊어도 생각을 통제하기가 훨씬 더 쉬워진다. 앞서 2장에서 지금 누가 당신을 위해 내러티브를 만들고 있는지, 누가 세상에 관한 우리의 관점을 형성하고 있는지에 관해 이야기했다. 우리는 오직 예수님으로만 빚어져야 한다. 각종 미디어, 특히 SNS보다 하나님이 전해 주시는 이야기에 더 관심을 기울이는 것이 현명하다. 각종 데이터는 치솟는 불안증과 우울증이 우리의 SNS 소비량과 직접적인 연관이 있음을 보여 준다. 우리에게 독이 되는 것들에 왜 그리 많은 시간을 허비하는가? 좀 고리타분하게 들릴지도 모르지만, 만족과 행복을 가장 크게 누리며 사는 친구들을 유심히 보면 대개 SNS 계정을 아예 없앤 이들이다.

네이비실(미국 해군의 엘리트 특수부대) 훈련 중에 신병들에게 긍정적인 자기 대화를 가르치는 훈련이 있다. 우리는 매분 자신에게 300-1,000개의 단어를 말한다고 한다. 다들 스스로 돌아보면 알다시피, 그중 가장 많이 말하는 단어는 부정적인 내용이다. 정신적 회복력은 의식적으로 긍정적인 것들을 말할 때 길러진다. 신자들에게는 바로 성경에 담긴 아름다운 진리들이 그것이다. '하나님이 나와 함께 계신다. 나는 안전하다. 그리스도께서 내 안에 거하신다. 내게는 이기는 힘이 있다.' 긍정적인 자기 대화는 불안감을 통제하는 뇌 구조의 일부인 편도체가 일으키는 두려움을 가라앉히는 데 도움이 된다.[10]

최근 나는 사도신경 도입부를 큰 소리로 암송하면서 운전하기 시작했다. "전능하사 천지를 만드신 하나님 아버지를 믿사오며 그 외아들 우리 주 예수 그리스도를 믿사오니."

더없이 간단하지만 정말 큰 도움이 된다. '이것이 내가 믿는 진리다. 이것이 내가 믿는 진리다.'

성경을 읽고 암송하면 정신적 회복력이 더없이 강해진다. 성경이 살아 숨 쉬는 텍스트이기 때문이다. 성경 속에서 우리는 하나님을 만나고 세상을 바라보는 올바른 시각을 얻는다. 예수님이 "은하계로부터 이 땅의 통치에 이르기까지 우주의 모든 것을 다스리"시는 만유의 주이시기 때문에 "그분의 통치를 받지 않는 이름이나 권세가 하나도 없"다는 사실을 매일 기억하면 내 정신 건강에 얼마나 좋은지 모른다(엡 1:21, 메시지). 앞으로 5일 동안 계속해서 이사야서 40장을 읽으라. 그러고서 당신의 영혼이 어떤 영향을 받는지 지켜보라.

믿음의 생각을 하라

● 먼저, 세 번 심호흡을 하면서 시작하라.

하나님이여 나를 살피사 내 마음을 아시며 …… 내 뜻을 아옵소서.
시편 139편 23절

예수님, 제게 오셔서 마음의 평안을 주옵소서. 제 마음을
주님께 맡깁니다. 제 마음을 주님께 향합니다. 제 모든 생각을
붙잡아 주옵소서. 들려오는 모든 뉴스를 내려놓습니다. 모든
걱정과 의심을 내려놓습니다. 제 관심을 사로잡는 모든 것을
내려놓습니다.

예수님, 제 생각을 주님께 맡깁니다. 제 모든 관심의 초점, 제
기억, 제 이해와 비전을 모두 주님께 맡깁니다. 예수님, 제
정신생활을 오직 주님께만 맡깁니다. 예수님이 다스리시는
생각은 생명과 평안입니다(롬 8:6). 하나님의 영이신 성령님,
오셔서 제 마음속을 채워 주옵소서. 오셔서 제 생각을 채워
주옵소서. 제 마음을 생명과 평안으로 가득 채워 주옵소서.

이 부분을 반복하라.

하나님의 영이신 성령님, 오셔서 제 마음속을 채워 주옵소서.
오셔서 제 생각을 채워 주옵소서. 제 마음을 생명과 평안으로
가득 채워 주옵소서.

저는 그리스도의 마음을 가졌습니다(고전 2:16). 예수님, 주님과
한마음이 되기를 소망합니다. 주님과 같은 생각과 비전을
품기를 원합니다. 제 정신적 측면의 생활이 주님을 닮기를
원합니다. 그리스도의 마음을 받아들입니다. 그리스도의 마음을
받아들입니다.

참되고 경건하고 옳고 정결하고 사랑받을 만하고 칭찬받을 만한 것들에
생각을 집중시키라. 덕이 있고 기림 있는 것들을 생각하라(빌 4:8). 아름다운
것들, 하나님의 선하심을 생각나게 하는 것들을 생각하라. 좋아하는 장소,
달콤한 기억, 자연 속의 무언가, 웃음을 짓게 만드는 무언가, 이런 것을 생각
하라. 오늘부터 이런 것에 집중하라.

정서적 회복력

정신적 회복력은 정서적 회복력을 기르는 데 도움을 준다.

지난 30년간 기독교 상담가로 활동한 경험에 비추어 보면, 모든 감정을 느끼도록 자신이 허용하는 것이 정말 중요하다. 앞서 나는 당신이 마주한 상실과 압박을 확인하고 진정으로 슬퍼하라고 권했다. 따라서 내가 "감정에 휘둘리지 말아야 한다"라고 말한다고 해서 냉혹한 훈련 교관을 떠올리면 곤란하다.

오랜 세월 안락의 문화 가운데 살아온 결과 우리는 정서적으로 유약해졌다. 우리는 뭔가를 하고 싶지 않으면 하지 않는다. 뭔가를 믿고 싶지 않으면 믿지 않는다. 사람들은 이것을 진정성이라고 부르지만 사실 이것은 그냥 철이 없는 것이다. 우리는 열네 살 소년처럼 자신의 감정을 자기 존재의 가장 옳고 참된 부분이라 여긴다. 사랑이 느껴지지 않으면 더 이상 사랑하지 않는다고 생각한다. 하나님이 느껴지지 않으면 그분이 더 이상 우리 곁에 없을지도 모른다고 생각한다. 감정을 그리스도의 통제 아래 두어야 할 때마저 감정을 따른다. 감정이 우리의 관점이나 반응을 통제하지 못하도록 할 때 비로소 정서적 회복력이 자란다. 한밤에 두려움이 몰려와도 그것에 굴복해서는 안 된다.

노르웨이 탐험가 로알 아문센은 극지 탐험가 중 한 명으로 유명하다. 1911년, 그는 세계 최초로 남극 땅을 밟았다. 소년 시절 그는 회복력을 기르기 위해 겨울에도 창문을 열어 놓고서 잤다.[11]

오랫동안 안락의 문화에 젖어 있던 우리도 자신을 강인하게 단련해야 한다.

이번 장 첫머리에 소개한 이야기에서 후드산에서 떨어진 산악인 중 생존자 두 명은 러닝 파트너였다. 그들의 이름은 크리스 컨과 해리 슬러터였다. 그들은 함께 달리다가 힘들어지면 서로에게 "고통을 참고 좀 더 버텨!"라고 말하며 서로를 응원했다. 그들은 달리기를 멈추지 않았고, 이렇게 감정을 통제하는 훈련 덕분에 사고가 나도 살아남을 수 있었다. 상처를 입고 죽어 가는 아홉 명의 산악인이 크레바스 아래에서 줄을 풀려고 하고 있을 때 컨이 비명을 질렀다. 골반이 부러진 탓이었다. 그 비명 소리에 산악 그룹 전체가 정신이 번쩍 들었다. 슬러터가 컨에게 소리쳤다. "고통을 참고 좀 더 버텨!" 컨은 비명을 멈추고 그 말을 되뇌기 시작했다.[12]

자신의 감정을 있는 그대로 인정하고 존중하라. 동시에, 감정에 진리의 '고삐'를 단단히 채우라.

여기서 하나님에 대한 애착의 중요성을 다시 한번 기억하기를 바란다. 정서적 힘은 오기가 아니라 '안전'에서 나오는 것이다. 마크 마토우세크는 〈사이컬러지 투데이〉(*Psychology Today*)를 통해 이렇게 말했다. "애착 이론의 창시자인 심리학자 존 볼비에 따르면, 아이는 세상에서 안전한 기반을 찾을 때 정서적 회복력을 배운다."[13] 우리는 사랑과 수용, 축복과 확신의 기초 위에서 정서적 회복력을 얻는다.

"놀라지 말라"(막 16:6), "너희는 마음에 근심하지 말라"(요 14:1), "너희는 스스로 조심하라 그렇지 않으면 …… 마음이 둔하여지고"(눅 21:34). 이런 말씀을 하실 때 예수님은 우리를 감정을 통제할 줄 아는 성인으로 대하신 것이다.

물론 우리는 곧잘 후회할 말들을 내뱉곤 한다. 때로 우리는 하는 일을 망치고 깊은 자책감을 느낀다. 하지만 그럴 때 자신에게 이렇게 말해야 한다. '한 번 실수했다고 해서 실패자가 된 것은 아니야. 예수님이 나를 깊이 사랑하셔. 예수님이 나를 있는 그대로 받아 주셔.' 이런 종류의 정서적 회복력은 우리의 삶을 바꿔 놓는다.

앞서 말한 배교의 힘이 거세게 부는 이때에 이런 회복력이 극도로 중요하다. 세상이 하나님에게서 점점 더 멀어지는 지금, 신념의 전부는 아닐지라도 일부를 버리고 싶은 유혹이 거세다. 이 유혹은 우리의 감정을 뒤덮는다. 그러면 하나님이 우리 말을 안 들으시는 것처럼 느껴진다. 하나님이 도우시지 않는 것처럼 느껴진다. 이런 감정에 사로잡혀 신앙을 잃지 않도록 조심해야 한다. 이런 시대에 우리는 다니엘과 친구들이 두려움과 심리적 압박 가운데서 보여 준 정신적·정서적·영적 회복력을 본받아야 한다.

느부갓네살왕이 노하고 분하여 사드락과 메삭과 아벳느고를
끌어오라 말하매 드디어 그 사람들을 왕의 앞으로 끌어온지라
느부갓네살이 그들에게 물어 이르되 사드락, 메삭, 아벳느고야
너희가 내 신을 섬기지 아니하며 내가 세운 금 신상에게 절하지
아니한다 하니 사실이냐 이제라도 너희가 준비하였다가 나팔
…… 소리를 들을 때 내가 만든 신상 앞에 엎드려 절하면
좋거니와 너희가 만일 절하지 아니하면 즉시 너희를 맹렬히
타는 풀무불 가운데에 던져 넣을 것이니 능히 너희를 내 손에서
건져 낼 신이 누구이겠느냐 하니 사드락과 메삭과 아벳느고가
왕에게 대답하여 이르되 느부갓네살이여 우리가 이 일에
대하여 왕에게 대답할 필요가 없나이다 왕이여 우리가 섬기는
하나님이 계시다면 우리를 맹렬히 타는 풀무불 가운데에서 능히
건져 내시겠고 왕의 손에서도 건져 내시리이다 그렇게 하지
아니하실지라도 왕이여 우리가 왕의 신들을 섬기지도 아니하고
왕이 세우신 금 신상에게 절하지도 아니할 줄을 아옵소서.

다니엘 3장 13-18절

"그렇게 하지 아니하실지라도." "세상 문화든 뭐든 하나님을 향한 내 사랑과 충성을 버리게 압박하는 것에 절대 굴복하지 않을 겁니다" 하는 자세를 품으면 어떤 형태의 거칠고 피폐한 상태에도 빠지지 않는다. 어떤 경우에도 굴복하지 말아야 한다.

> 마음과 영혼의 회복력 기르기 <

마음이 둔해지지 않도록
조심하라

___

너희는 스스로 조심하라 그렇지 않으면 방탕함과 술취함과
생활의 염려로 마음이 둔하여지고 뜻밖에 그 날이 덫과 같이
너희에게 임하리라 이날은 온 지구상에 거하는 모든 사람에게
임하리라 이러므로 너희는 장차 올 이 모든 일을 능히 피하고
인자 앞에 서도록 항상 기도하며 깨어 있으라.

누가복음 21장 34-36절

● 이 말씀에는 깊은 긍휼과 뜻이 담겨 있다. 또한 우리에게 닥치는 모
든 일을 피하기 위한 지혜와 지시도 담고 있다. 우리 모두는 마음이 한껏 둔
해진 채 살아가고 있다. 며칠 연속 마음이 완전히 가벼웠던 적이 언제인가?
여기서 '둔해지다'에 해당하는 헬라어는 '바레오'로, '부담을 주다, 짓누르다,
풀이 죽다'를 의미한다.[14] 지금 우리는 이런 상태다. 우리는 감당하기 힘들
만큼 밀려드는 "생활의 염려"에 짓눌리고 있다. 사방에서 밀려오는 거센 압
박에 마음이 짓눌리고 있다. 그러나 기쁜 소식이 있다. 예수님이 이런 상황
에 관해서 경고하셨다는 것은 빠져나올 길도 있다는 뜻이다. 짓눌리는 삶은
절대 우리의 운명이 아니다. 짓눌리는 삶은 결코 피할 수 없는 숙명이 아니
다. 절대 아니다.

정서적 회복력을 갖춘 사람은 다음과 같이 기도한다.

예수님, 제 정서 생활을 주님께 맡깁니다. 제 모든 감정을 주님께
맡깁니다. 그 모든 것을 주님의 통치 아래에 내려놓고 주님
뜻에 일치시키겠습니다. 주님과 한마음이 되기를 기도합니다.
주님의 영을 제 정서 생활로 초대합니다. 감정의 영역에서
이기는 힘을 주옵소서. 예수님, 주님의 소망을 받아들입니다.
주님이 주신 기쁨을 받아들입니다. 주님이 주신 용기를
받아들입니다. 제 정서를 오직 예수 그리스도의 통치 아래로
가져갑니다. 이 세상 일 때문에 지치지 않겠습니다. 이 세상에
벌어진 일 때문에 더 이상 두려워하거나 분노하지 않겠습니다.
미끼를 물지 않겠습니다. 주님, 슬퍼해야 할 때는 주님
안에서 슬퍼하겠습니다. 화를 내야 할 때는 주님 안에서 화를
내겠습니다.

주님이 만사를 다스리는 줄 믿습니다. 주님이 여전히 우주를
운행하고 계십니다. 주님을 믿습니다. 주님, 모든 사람과 모든
것을 주님께 맡깁니다. 주님이 돌아오시면 만물이 주님 것이 될
줄 믿습니다.

'매일'을 위한 계획

이제 내가 반드시 말해야 할 것, 우리 모두가 지금 들어야 할 것을 말하고자 한다.

이 힘든 시기에 많은 사람이 저지르는 실수는 자신의 꽉 찬 삶에 하나님을 조금만 더 끼워 넣을 방법을 찾는 것이다.

아니다. 그 반대로 해야 한다. 하나님으로 시작해야 한다. 그분을 우리 삶의 중심으로 삼고 거기서부터 퍼져 나가야 한다. 우리의 영성은 삶의 '곁가지'에서 삶의 '중심'으로 들어가는 것이다. 그 중심에서 다른 모든 것이 흘러나오며, 다른 모든 계획을 그 중심에 맞추어야 한다.

이제부터 깊이 회심한 사람이 되기 위한 계획을 세우라. 내친 김에 일종의 새로운 수도원 운동을 시작하면 어떨까? 하나님을 중심으로 우리의 삶을 재정비하고, 그분의 힘을 통해 회복력을 얻으라는 말이다. 그것이 이 힘든 시기를 버텨 낼 수 있는 유일한 길이다.

> 다니엘이 이 조서에 왕의 도장이 찍힌 것을 알고도 자기 집에 돌아가서는 윗방에 올라가 예루살렘으로 향한 창문을 열고 전에 하던 대로 하루 세 번씩 무릎을 꿇고 기도하며 그의 하나님께 감사하였더라.
>
> 다니엘 6장 10절

"전에 하던 대로." 다시 말해, 이것은 특별한 일과가 아니라 평소 습관이었다. 다니엘이 어두운 문화 속에서 그리고 사자 굴에서 보여 준 회복력은 매일의 습관을 통해 형성된 것이었다. 아침, 정오, 저녁에 모든 일을 멈추고 기도한 것은 그의 오랜 습관이었다. 그리고 바로 그 습관이 열쇠다. 우리의 습관이 우리의 삶을 형성한다.

하나님을 삶의 최우선 사항으로 삼고 매일 그분께로 다가가면 위기가 닥칠 때 그분께 회복력을 얻기가 훨씬 더 쉽다. 영적 생활을 우선하지 않고 대충대충 해 왔다면, 이 힘든 시기에 깨어나서 하나님을 최우선 자리에 모시기를 강권한다.

우리는 매일 실천할 새로운 습관들이 필요하다(혹은 옛 습관들을 회복해야 한다). 여기서 주의해야 할 점이 있다. 회복력을 얻기 위해 어떤 습관을 시작하든 현실적인 목표를 세워야 한다는 것이다. 그렇지 않으면 오래 지속하기 힘들다. 간단하면서도 지속 가능한 습관 하나를 추천한다. 하루에 세 번 알람을 맞추라. 그때마다 멈추어 하나님을 사랑하고 그분께 충성을 바치라.

하나님, 사랑합니다. 하나님, 사랑합니다. 사랑합니다.
주님께 충성을 바칩니다. 다른 모든 것보다 주님을
선택하겠습니다.
제게 이기는 힘을 주옵소서.

매일의 '신앙고백'을 추천한다. 5일 동안 매일 사도신경을 암해 보라. 장담컨대 시야가 확 트이게 될 것이다. 이 책의 62-63쪽에서 내가 시편 23편으로 선포한 것을 복사해서 매일 선포해도 좋다.

믿음의 핵심 진리들과 하나님의 생각을 기억하게 해 주는 간단한 문장들을 정해서 선포해도 좋다. 예를 들어, "나는 사랑받고 있다. 나는 선택받았다. 나는 하나님의 품 안에서 안전하다"와 같은 간단한 문장이 특별히 마음에 와닿는다면 하루에 몇 번씩이라도 읊으라. 그렇게 하면 정신적·정서적으로 하나님께 단단히 뿌리를 내릴 수 있다.

나는 "하나님의 영광, 하나님의 사랑, 하나님의 나라"라는 문장을 자주 사용한다. 이 문장이 우리가 이야기해 온 그분의 영광, 미움으로 가득한 세상 속에서 역사하는 그분 사랑의 힘, 이 세상의 거짓 나라 위에 서는 그분의 나라를 떠올리게 만들기 때문이다. 하루 종일, 특히 정신적으로 혹은 감정적으로 지치기 시작할 때 "하나님의 영광, 하나님의 사랑, 하나님의 나라"를 선포하는 것이 내게는 습관처럼 자리 잡았다.

이제 막대한 생명을 주는 몇 가지 습관들을 소개한다.

예배. 오랫동안 우리 부부는 이따금씩 저녁마다 거실에서 찬양을 틀어 놓고 마음을 예수님께로 향하는 습관을 실천했다. 이 시간에 대한 후회는 한 번도 한 적이 없지만, 그렇다고 매일같이 시간을 정해서 규칙적으로 하지는 못했다(인간의 본성은 왜 이럴까). 하지만 이 세계적 재난의 압박으로 인해 결국 우리 부부는 이러한 시간을 거의 매일같이 지키게 되었다.

예배는 우리의 마음과 영혼에, 그리고 그리스도와의 연합에 온갖 놀라운 작용을 한다. 예배는 우리의 정신을 예수님께로 향하게 해 준다. 예배하는 20-30분 동안에는 하나님께 정신을 집중하기 때문에 회복력이 길러진다. 예배는 우리의 영을 하나님께로 열어 그분의 사랑, 위로, 이기는 힘을 받게 해 준다. 예배는 신앙의 선포이기도 하다. 예배는 하나님의 선하심과 함께 하나님이 누구시며 무슨 일을 행하셨는지를 선포하는 것이다. 귀신들은 이런 선포를 극도로 싫어한다. 이런 선포는 영적 전쟁에서 매우 강력한 무기다!

나는 예배 시간으로 잠자기 전 시간을 제안하고 싶지만 각자의 상황에 따라 오전이나 저녁 시간에 해도 좋다. 저녁 식사를 준비하거나 집 안을 청소하면서 찬양을 틀어 보라. 어떤 시간이든 개인 사정에 맞는 시간을 찾으라. 우리 부부의 경우에는, 잠자기 전에 20-30분간 예배를 드리고 나서 기도하는 것이 가장 적합한 시간이었다.

기도. 다니엘처럼 오전, 정오, 저녁 기도의 습관을 강력히 추천한다. 우리 부부는 오전 기도를 드리기 전에는 집을 나서지 않았고 심지어 아침 식사도 하지 않는다(우리는 각자 기상하는 시간이 다르고 다른 활동을 하기 전에 예수님과 개인적으로 교제하는 시간도 필요하기 때문에 대개 각자 오전 기도를 드린다). 저녁 기도는 잠자기 전에 함께 드린다.

'회복으로 가는 30일' 프로그램이 매일 기도를 간단하게 실천하는 데 도움이 될 것이다. '1분 멈춤' 앱을 꼭 이용해 보기를 바란다!

이외에 또 다른 무엇을 당신의 일상에 들이는 것이 지혜로울까? 재미있는 상상을 해 보자. 수도원에 간다면 일상을 어떻게 보내게 될까? 솔직히 다들 한 번쯤은 직장을 그만두고 복잡한 사회를 떠나 아름다운 경치에 둘러싸여 영혼 충만한 속도로 살기를 꿈꾸지 않았던가. 내가 수도원에 간다면 어떤 식으로 살까? 무엇을 일상의 리듬으로 삼을까? 경건의 시간? 기도? 묵상? 산책? 빵 굽기 같은 단순한 일?

그런데 이런 활동 중 대부분은 지금도 우리 일상에서 실천할 수 있다. 우리는 저녁에 산책할 수도 있고, 요리를 즐길 수도 있다.

자신만의 처방

하나님의 영이 바닥나지 않는 삶을 원한다면 새로운 수도원적인 삶을 위한 자신만의 처방을 써 봐야 한다. 회복을 위한 삶을 직접 계획해야 한다. 왜냐하면 자신의 장단점은 자신이 가장 잘 알기 때문이다. 이 시기에 회복력을 얻기 위해 구체적으로 어떻게 할 것인가?

삶을 어떻게 계획할지 예수님께 묻는 것도 매우 중요하다. 나는 2021년 여름에 그렇게 했다. 내가 내 능력을 과대평가해서 지쳐 있다는 것을 깨달았다. 다행히 안식을 위한 약간의 시간적 여유가 있었다. 삶의 속도를 늦출 여유가 있었다. 그때 나는 여행과 모험을 하고 싶은 마음이 간절했지만 내게 무엇이 필요한지를 예수님께 물었다.

먼저 모험과 여행이 필요하다고 주장하는 내 고집을 꺾어야 했다. 예수님은 계속해서 "아니다"라고 대답하셨다(그 휴식 시간이 끝난 뒤 그 "아니다"에 얼마나 감사하게 되었는지 모른다).

"주님, 제게 무엇이 필요합니까?"

* 단순함. 이 여름을 아주 단순하게 보내는 것.
* 아름다움.
* 산책.
* 인터넷과 휴대폰을 완전히 끊는 기간들.
* 매우 작은 나눔.

예수님의 이 마지막 명령이 내게 얼마나 중요한 것이었는지를 설명해 보겠다. 나는 공감의 은사가 매우 강한 사람이다. 사람들 돕는 걸 무척이나 좋아한다. 사람들을 도울 때 내 삶에 사랑과 의미가 가득해진다. 하지만 내 망가진 과거 때문에 나누고 돕고 개입하는 일에 대한 내적인 조절 장치가 오래전에 망가져 있었다. 나는 그만두어야 할 때를 모른다. 거절을 정말 힘들어한다. 예수님은 내 보유고를 채우기 위해 가끔 개입을 완전히 멈추어야 할 필요성이 있다는 점을 아셨다. 모든 사람의 모든 일을 도와야 한다는 강박관념을 버리니 큰 자유가 찾아왔다. "가난한 자들은 항상 너희와 함께 있거니와"(마 26:11). 위기는 계속해서 찾아올 것이다. 도움이 필요한 일은 계속해서 생길 것이다.

누가 당신의 타고난 본성을 통제해 줄 수 있을까? 내가 당신이라면 예수님을 찾아가겠다.

요지는 이것이다. 회복을 위해 당신의 삶을 어떻게 재조정할 것인가? 꼭 해야 한다고 생각하는 일을 하기 위해 질주하며 모든 연료를 다 태워 버려서는 안 된다. 지금과 같은 시대는 보다 큰 지혜가 필요하다. 지친 상태로 산을 내려가지 말라. 회복력을 기르기 위해 일상을 바꾸기로 결심하라.

회복력을 원한다면 변화가 필요하다. 생존자들은 유연하다. 주변 환경의 변화에 잘 적응한다. 초자연적 은혜에 마음을 열고 그 은혜를 받기 위한 활동을 일상의 일부로 삼을 줄 안다.

후드산에서의 사고 이야기로 돌아가 보자. 그 산악인들은 왜 그토록 위험한 결정을 했을까? 수년 동안 등반을 즐겨 온 사람으로서 등반의 문제점은 정상을 목표로 삼는다는 것이다. 정상을 밟는 것을 승리로 여긴다. 실제 등반을 하기 전부터 우리는 이 목표만을 생각한다. 그리고 구슬땀을 흘리며 힘겹게 산을 오를 때 정상만을 바라본다. 그 운명의 날 후드산을 오르던 산악인들은 정상에 오르는 것이 임무의 끝이라고 착각했다. 그래서 정상에 오르자마자 모든 긴장의 끈을 놓아 버렸다. 하지만 사실 그들은 목표까지 '절반'밖에 가지 않은 것이었다. 무사히 내려와 주차장에서 차를 타고 집에 와야 마침내 이르러야 할 진정한 결승선을 통과한 것이다.

예수님의 제자들에게 진정한 결승선은 예수님이 다시 오시거나 우리가 본향으로 돌아가 그분 품에 안기는 것이다.

바로 이것이 우리가 인내를 길러야 하는 이유다!

버티고,
버티고,
끝까지 버티라

거의 다 왔다

뗏목에 탄 여섯 사람은 마른 데다가 볕에 까맣게 그을려 있었다. 그들은 3개월 넘게 망망대해를 표류해 왔다. 고대에 만들어진 것과 같은 모양의 발사나무 뗏목은 약 8,000킬로미터 거리를 항해했다. 이제 그들은 가장 위험한 지점에 접근하고 있다. 그들이 상륙하려는 섬은 삐죽빼죽한 암초에 둘러싸여 있다. 그 암초 아래에는 난파선의 잔재들이 가라앉아 있다. 그 잔재들은 그들이 얼마나 위험한 상황에 처해 있는지를 똑똑히 보여 주고 있다.

선원들은 필연적으로 부딪힐 수밖에 없는 암초를 넘기 위해 막바지 준비를 하고 있다. 항해일지에는 다음과 같은 기록이 마지막으로 남아 있다.

8시 45분, 바람이 우리에게 더 불리한 쪽으로 방향을 바꾸었다. 시야가 확보될 가능성은 없다.
9시 50분, 이제 매우 가까워졌다. …… 기분이 좋으면서도 상황은 그닥 좋아 보이지 않는다. ……

뗏목이 암초에 부딪혀 죽음의 문턱까지 이르렀다. 갑자기 5미터가 넘는 거센 파도가 뗏목을 치면서 그들은 큰 위험에 처한다.

다음번 파도가 높이 솟는 것이 보였다. 이전 파도보다 훨씬 높았다. 나는 선미 쪽으로 소리치면서 돛대의 밧줄을 타고 올라갔다. 다급히 최대한 높이 올라가 돛대를 꽉 붙잡았다. 순간, 나는 머리 위까지 덮치는 파도 속으로 사라져 버렸다. 선미 쪽으로 멀리 떨어져 있는 선원들은 내가 먼저 사라지는 것을 보고 파도 높이를 8미터 정도로 추정했다. …… 우리 모두는 오직 한 가지만 생각했다. 버티라, 버티라, 버티라, 버티라, 버티라![1]

롯의 처를 기억하라.
누가복음 17장 32절

인생의 중차대한 순간에 우리는 선택, 시험(test)을 마주한다.

때로 이런 선택은 단순히 믿음을 시험하곤 한다. "사순절에 단 음식을 포기할 것인가? 이 모임 진행을 다른 사람에게 맡길 것인 가? 어려움에 처한 이 사람들을 돕기 위해 내 돈을 쓸 것인가?" 하 나님을 선택할 때마다 우리의 영은 그분의 영과 더욱 하나가 된 다. 이것이 그분을 향한 일편단심을 기르는 방법이다.

하지만 어려운 시험이 찾아오는 순간도 있다. "이 관계를 포기 할 것인가? 안정된 이 길을 포기할 것인가?" 이런 기로는 믿음의 시험 그 이상이다. 이것은 그리스도에 대한 근본적인 '충성'에 대 한 시험이다.

그런데 지치고 정신이 흐트러진 상태에서는 이런 선택이 얼 마나 중요한지를 보기가 어렵다. 지쳐서 마음이 약해진 순간에는 선택의 중요성을 놓칠 수 있다. 나는 요즘이 그런 순간이라고 생각한다. 예수님은 이런 순간이 다가올 줄 아시고 이렇게 경고하셨다.

"롯의 처를 기억하라."

왜일까? 롯의 아내가 우리의 곤경과 무슨 상관이 있는가? 롯의 아내가 인간의 마음을 둘러싼 오랜 전쟁과 무슨 상관이 있는가?

일단 이야기 속으로 들어가 보자.

그녀는 뒤돌아 보았다[2]

싯딤 골짜기에 동틀 시간이 가까워졌다. 언덕에는 바람이 불고 있었다. 수평선에는 아침노을이 일었고, 골짜기는 아직 어둠이 내려앉아 있었다. 롯은 딸들 손을 꼭 쥔 채 발에 불이 나도록 달려갔다. 온몸이 모두 땀으로 흠뻑 젖었다. 딸 하나가 힘겨웠는지 넘어지려는 게 느껴졌다. "멈추지 말거라!" 롯은 숨을 세차게 몰아쉬며 몸을 돌려 딸을 일으켜 세웠다. "절대로 뒤를 돌아보지 말거라. 서둘러!" 롯은 아내를 향해서도 소리쳤다. "태양이 떠오르고 있소!"

천사들은 밤중에 도착했다. 평야에 있던 롯은 그들을 처음 보았다. 긴 그림자를 드리운 천사들은 키가 크고 위엄 있어 보였다.

그들이 누구인지 한눈에 알아본 롯은 서둘러 달려가 그들을 맞으며 절했다. "내 주여, 부디 저희 집으로 오십시오." 그는 간청했다. 달리 안전한 곳이 없음에도 천사들은 거절했다. 롯이 재차 간청하자 그제야 천사들이 허락했다. 롯은 소돔성을 통과하는 비밀 통로를 따라 천사들을 집으로 안내했다.

소돔. 평범한 곳은 아니었다. 소돔이란 도시의 이 이름은 고대 아카드어로 '황폐' 혹은 '태우다' 혹은 '귀신들'을 의미했다. 소돔은 이런 이름에 딱 걸맞는 곳이었다. '묶는'을 의미하는 자매도시 고모라와 함께 소돔은 싯딤 골짜기 너머까지 길고 어두운 그림자를 드리우고 있었다. 거리는 음산했고, 그가 본 것들은…… 그는 그 것들에 관해서 이야기하지 않았다. 그가 그 성을 싫어한 것은 아니었다. 그가 그곳에서 살기로 선택했다. 그것도 두 번씩이나. 두 번째 선택은 외국 왕에게 사로잡힌 뒤에 이루어졌다. 그곳에는 먹을 것과 좋은 옷들이 많았다. 부유한 성이니만큼 없는 것이 없었다.

"여깁니다." 그는 진흙 벽돌집을 가리키며 천사들을 안으로 들인 뒤 "앉으십시오" 하며 자리를 권했다. 롯은 금세 양탄자 먼지를 털고서는 음식을 차렸다. "어서 드십시오!" 그는 초조한 듯 손을 비벼 대며 아내를 찾았다. 이어서 재빨리 창문을 닫고 문에 빗장을 걸었다. 그럼에도 이미 본 사람이 있었다. 롯의 집에 신 같은 자가 방문했다는 소식이 삽시간에 퍼졌다. 이내 성 사람들이 무리를 지어 롯의 집으로 우르르 몰려왔다. 그들은 천사들을 넘기라고 요구했지만 롯은 거부하며 대신, 딸들을 주겠다고 했다. 급기야 문 앞에서 싸움이 벌어졌고, 한 천사가 팔을 들어 폭도들의 눈을 다 멀게 만들었다. 그 천사는 롯을 안전하게 안으로 끌어당겼다.

놀란 롯이 천사의 얼굴을 흘끗 쳐다보았다. "롯, 데리고 나갈 사람이 있느냐? 또 다른 가족이 있느냐?" 천사는 롯의 얼굴을 살피며 말했다. "우리는 이 성을 멸망시키기 위해 이곳에 왔다." 그의 얼굴이 기묘하면서도 더없이 근엄했다. 도무지 인간의 형상 같지 않은 얼굴이었다. 표정을 보니 그의 말이 절대적으로 옳게 들렸다. 롯은 몸서리를 치며 말을 더듬었다. "약혼한 딸들이 있습니다…… 결혼할 남자들은……"

"지금 가서 데려오라." 천사가 명령했다.

롯은 당장 뛰쳐나갔다. 그는 피에 굶주린 표정의 남녀를 지나 딸들의 약혼자들 집으로 달려가서는 문을 세차게 두드렸다. 그들은 잠이 덜 깬 눈으로 화가 난 채 모습을 드러냈다. 롯은 이들에게 함께 가자고 강권하고 사정하며 부르짖었지만 예비 사위들은 따라나서지 않았다. 그들은 롯의 말을 믿지 않았다. 롯은 문 앞에서 바라보기만 하는 그들을 남겨 둔 채 떠났다. 그가 이 소식을 전하자 딸들은 두 손으로 얼굴을 감싸며 흐느꼈다.

"이제 가라. 저 언덕으로 가라."

천사가 명령했다.

롯은 옆에 있는 아내를 쳐다보았다. 가기 싫은 눈치였다.

이에 롯은 감히 천사들에게 물었다. "근처에 마을 하나가 있습니다. 보잘것없는 마을입니다. 큰 문제를 일으키지 않는 곳이지요. 그곳으로 가도록 허락해 주십시오."

천사는 고개를 끄덕였다.

"속히 가라. 절대 뒤를 돌아보지 말라. 너희가 멀리 가기 전까지는 아무 일도 행하지 않겠다. 어서 도망쳐라."

롯은 속히 도망쳤다. 그는 소돔성을 떠났다. 자신이 본 것들, 즉 교만과 죽음과 허영의 도시를 떠나 도망쳤다. 그는 곧장 광야를 향해 달려갔고, 가족들도 그 뒤를 쫓았다. 도로를 지나 평야로 달음질하는 롯의 두 눈에 피로감이 가득했고 빠르게 움직이는 두 발에 먼지가 일었다.

"멀지 않았어. 거의 다 왔어."

목소리가 쉰 롯이 거듭해서 말했다.

어느덧 하늘이 잿빛으로 변하며 환하게 동이 텄다. 그들이 가려던 소알이 눈앞에 보였다. 달랑 우물 하나에 마구간 하나가 전부인 오지나 다름없는 곳이었다. 기운이 빠진 롯은 발걸음을 멈췄다. "소알." 숨을 몰아쉬며 롯은 딸들 잡은 손에 힘주었다. "바로 여기다."

한 걸음씩 힘겹게 앞으로 내딛던 그가 갑자기 걸음을 멈추었다. 거대한 독수리의 날카로운 소리와 같은 굉음과 함께 첫 번째 돌이 땅을 쳤다. 롯은 딸들을 잡아끌며 아내를 향해 소리쳤다. 하늘이 불타오르고 있었다. 불이 땅에 이상한 그림자를 드리웠고 돌의 비행운이 구름을 갈랐다. 롯은 딸 하나를 옆구리에 감싸안고 아내를 잡기 위해 절박하게 손을 뻗었다. 바다가 지글거리며 끓어올랐다. 열기 속에서 소금과 돌이 섞인 거센 바람이 언덕을 폭격했다. "어서 몸을 숙여!" 롯이 소리쳤다. 그는 자신의 몸을 최대한 펴서 형벌을 가하는 열기로부터 딸들을 보호했다.

형벌을 받는 도시. 벽돌 담은 잿더미로 변하고, 솥단지들은 녹아 사라졌으며, 불타 버린 밭과 온 땅에 소금이 뒤덮였다. 불길은 태양의 표면 온도만큼이나 타는 듯 뜨거웠다. 공기 중 휘날리는 먼지들은 돌처럼 굳어 버렸다. 순식간에 벌어진 일이었다.

거대한 검은 연기 구름이 아브라함 장막 쪽으로 치솟았다. 롯은 고개를 쳐들었다. 롯이 고개를 돌리던 그 순간, 그의 얼굴이 굳어졌다. 롯의 아내가 어딘가로 손을 뻗은 채로 서 있었다.

아내의 손은 롯이 아닌 소돔을 향해 있었다.

롯은 멍한 표정으로 멈춰 섰다.

그의 아내가 딱딱하게 굳어 있었다. 몸 전체가 뼈처럼 새하얗게 변해 있었다. 롯은 아내의 팔을 만져 봤다. 그러자 팔이 부스러졌다. 그것은 소금이었다. 뒤를 돌아본 탓이었다. 하지만 히브리서에 따르면 그녀는 단순히 뒤를 돌아본 것이 아니었다. 그녀는 그곳에 '관심을 두었다.' 그녀는 그곳을 '생각했다.' 그녀는 그곳을 '의지했다.' 그래서 그녀는 '네트시브' 곧 '기둥'이 되었다. 하지만 이것은 문자적으로는 '제독', '주둔군', 죽은 자들을 관장하는 죽음의 관리를 의미한다.

저런! 경각심을 일으키는 많은 이야기 중에서 예수님은 이 이야기를 언급하면서 말세의 시험에 관한 경고를 마무리하신다.

주여, 우리를 도우소서.

이 이야기는 무엇보다도 둘로 나뉜 충성, 인간의 마음을 사로잡는 이 세상의 힘에 관한 이야기다.

상실에 대한 두려움

롯의 아내는 왜 뒤를 돌아보았을까? 천사들이 그러지 말라고 분명히 경고했는데도 말이다. 천사들의 엄하고 거룩한 표정을 보았다면 그 경고가 진심이라는 것을 알 수 있었을 것이다. 하지만 그녀는 뒤를 돌아보았다. 그녀는 '마음'을 돌렸다. 예수님은 이것이 삶이 다시 좋아지기를 바라는 욕심과 관련 있다고 말씀하셨다. "롯의 처를 기억하라 무릇 자기 목숨을 보전하고자 하는 자는 잃을 것이요 잃는 자는 살리리라"(눅 17:32-33).

롯의 아내는 자신의 삶을 잃을까 봐 걱정했다. 삶에 필요하다고 생각되는 모든 것을 잃을까 봐 두려웠다. 그래서 몸을 돌렸다. 그 모습은 지금 우리 모습과 생각보다 훨씬 많이 닮았다. 모든 변화는 처음에는 상실처럼 느껴진다. 하나의 삶을 버리고 새로운 삶을 추구할 때, 예를 들어 직업을 바꾸거나 대학원에 들어가거나 심지어 결혼해서 희망찬 새 삶을 시작할 때도 지난 삶을 떠나야 한다. 눈앞에 펼쳐진 모험은 여전히 이상하고 낯설다. 그래서 앞에 있는 것보다 자꾸만 뒤에 있는 것이 생각난다.

이 시각, 이 의심과 이 두려움이 많은 선한 마음속으로 몰래 파고들었다.

게다가 소돔은 번영의 땅이었다. 누구나 살고 싶어 하는 성이었다. 소돔은 BC 3000년부터 약 1,500년 동안 그 지역 수도였다. 그만큼 힘과 안전, 번영의 상징이었다. 소돔의 성벽은 두께가 5미터요 높이가 15미터였다. 그 안에는 궁전과 신전이 즐비했다. 그곳은 상거래와 예술의 중심지였다. 창세기 13장 10절을 보면 롯이 본 소돔은 "물이 넉넉"한 요단 평야였다. 나일강과 마찬가지로 요단강은 매년 범람해 그 지역 전체에 물을 댔다. 덕분에 소돔에는 곡식과 사람들이 넘쳐 났다.

소돔은 어둡고 퇴폐적인 곳이기도 했다. 그 지역 수도이다 보니 옛 가나안 우상들의 중심지였다. 스톤헨지에 버금가는 규모로 1,500개의 돌이 서 있는 함맘 거석 지대(Hammam Megalithic Field)가 도시를 둘러싸고 있었다. 그 지대는 온갖 어두운 의식에 사용되었다. 우리 아들 말마따나 "정말 정말 부정한 것들이 정말 정말 많은 곳"이다.

성경을 보면, 새로운 주민들을 집단으로 강간하는 행위가 바로 이곳 문화였다. 아무리 화려한 것이 많다고 해도 어찌 이런 악에 익숙해지고 동화되고 무뎌질 수 있단 말인가!

답은 뻔하다. 지금 우리가 사는 이 세상에서도 매일같이 이런 일이 벌어지고 있다. 주변을 둘러보라. 차마 볼 수 없어 고개를 돌릴 수밖에 없는 일이 가득하다. 정말 지독히 악한 시대다.

"롯의 처를 기억하라."

이것은 예수님이 하신 말씀 중 가장 불가사의한 말씀이다. 그리고 솔직히, 매우 '무시무시한' 말씀이다.

내가 볼 때 롯의 아내는 소돔성에 대해 일종의 스톡홀름 증후군에 빠진 것이 아닌가 싶다. 스톡홀름 증후군은 가해자와 피해자 사이의 비극적인 유대다. 이는 악과 너무 가까이 살다가 악에 빠지는 것이다. 예수님은 우리에게 세상과의 유대에도 불구하고 뒤를 돌아보지 말라고 촉구하고 계신다. 나뉜 마음, 나뉜 충성은 안 된다!

3장에서 말했듯이 팬데믹은 일종의 묵시였다. 묵시는 '드러내다, 밝히다'라는 뜻이다. 드러난 것 중에서 가장 걱정스러운 것은 우리의 나쁜 충성이다.

정도는 다 달라도 우리 모두는 두려움에 휩싸였다. 이 사실은 우리의 안전이 생각만큼 그리스도께 단단히 뿌리를 내리고 있지 않다는 사실을 드러냈다. 삶이 더 좋아지기를 원해서 엉뚱한 것들을 움켜쥐는 모습은 우리가 철저히 그리스도께 소망을 두고 있지 않다는 사실을 드러냈다. 현재의 배교는 하나님에 대한 우리의 실망이 얼마나 깊고, 우리 충성의 뿌리가 얼마나 얕은지를 여실히 보여 준다.

앞서 나는 전 세계적 트라우마가 내게 미친 영향들을 고백했다. 강박적인 구매와 집 수리를 비롯해서 나는 하찮은 것들에서 위안을 얻으려고 했다. 그와 동시에 나는 아주 흥미로운 경험을 하고 있다. 그것은 먼 과거 행복한 기억이 자꾸만 떠오르는 것이다. 아주 오래 전에 갔던 여행에서의 즐거웠던 순간과 어릴 적 달콤한 순간이 계속해서 기억난다. 나는 특별히 추억에 잘 잠기는 성향이 아니다. 그런데도 요즘은 지난날을 자꾸만 생각한다. 원치 않아도 자꾸만 옛날이 떠오른다. 좋았던 시절을 생각하며 어떻게 하면 그 시절을 되찾을지 생각하곤 한다. 평야를 달릴 때 롯의 아내에게 이런 일이 일어났던 것은 아닐까?

인간을 향한 하나님의 길고도 강렬한 사랑은 신구약 모두에 기록되어 있다. 그런데 항상 우리의 두 마음이 문제였고 앞으로도 문제일 것이다. 우리는 전심이 부족하다. "이 백성이 입술로는 나를 공경하되 마음은 내게서 멀도다"(마 15:8).

진짜 위험한 상황은 우리가 삶을 되찾은 것처럼 보이는 순간이다. 트라우마, 상실에 대한 두려움, 일상을 다시 되찾았을 때의 안도감으로 인해 우리의 마음은 조용히 이렇게 말한다. '더없이 좋아. 이젠 아무것도 필요하지 않아.' 그리스도의 재림에 관한 생각이 정오에 없어지는 아침이슬처럼 사라진다. 그리고 그리스도의 재림에 관한 생각은 다음 세대로 넘겨 버린다.

> 너희의 인애가 아침 구름이나 쉬 없어지는 이슬 같도다.
>
> 호세아 6장 4절

원수가 우리의 마음을 사로잡으려고 놓은 덫은 우리를 괴롭히기 위한 것이다. 그 덫은 우리에게 충격을 주고 우리를 유혹해서 안주하게 하려는 것이다. 하나님 없이도 '이젠 더할 나위 없이 좋아'라며 안도의 한숨을 내쉬도록 만들기 위한 것이다. 하나님 없이 그분의 나라를 맛본 것처럼 착각하게 만들려는 것이다.

2020년 여름, 아내는 새로운 방해 요소를 즐기고 있었다. 아내는 노트북을 켜 놓고 아일랜드와 스코틀랜드에 있는 작은 별장 매물을 검색하는 데 수많은 시간을 보냈다. 사실, 그렇게 하는 동안만큼은 힘든 팬데믹 현실을 잊을 수 있었다. 그리고 꿈을 꾸는 것은 우리 영혼에 이롭다. 게다가 우리는 그 나라들과 오랜 관계가 있었다. 우리에게는 그 민족의 피가 흐르고 있고, 그 나라들에 우리의 친한 친구들이 살고 있다. 또한 그곳에서 사역을 해야 할 필요성을 느끼고 있다. 하지만 우리 '마음'이 기억하는 것은 그곳에서 휴가를 즐겼던 순간들이다. 그곳에서는 모든 것이 평온하기만 했다. 시끄러운 세상은 수만 리 밖에 있는 것처럼 느껴졌다.

아내의 집착은 격리 기간에 시작되었지만 그 뒤까지도 계속되었다. 삶이 다시 좋아지기를 바라는 갈망은 가라앉지 않고 있다. 그 갈망은 모든 인간의 마음속에서 점점 더 강해지고 있다.

오늘 아침 아내는 내게 이렇게 말했다. "스코틀랜드 고지대 서해안에 나온 매물을 찾았어요. 우리가 좋아하는 그 작은 마을 근처예요. 마을에 호수와 강도 있어요!" 영혼을 강하게 키우는 작업을 그렇게 해 놓고서도 이런 일이 일어났다는 것은 정말 뜻밖이었다. 우리는 이 책에 나온 활동들을 함께하며 회복력을 키워 왔다. 그런데 갑자기 스코틀랜드 고지대의 별장? 제정신인가? 황당해하는 내게 아내는 이렇게 덧붙였다. "거기서 붉은 사슴 사냥과 플라이 낚시도 할 수 있대요!"

갑자기 눈앞이 훤해졌다. 바위투성이 봉우리까지 뻗어 나가는 수풀이 무성한 산들, 이끼가 낀 풀밭을 통과하며 세차게 흐르는 시내, 작은 배가 떠 있는 호수와 그 주변의 조약돌들, 해가 서쪽으로 지면서 물 위로 반짝거리는 햇빛, 이 모든 것이 내려다보이는 작은 흰색 집 테이블에 앉아 즐기는 모닥불.

갑자기 마음이 순식간에 바뀌었다. '이젠 지쳤어.' 나는 은퇴 자금을 털고 모든 것을 팔아 그 집을 사기로 마음먹었다. 사랑하는 사람들에게 작은 행복과 휴식을 맛보게 해 주고 싶었다. '세상은 무너지게 놔두자. 상관없어. 이 모든 상황에 이젠 지쳤어. 언제쯤 이사할 수 있을까?'

지극히 평범한 토요일 오후, 나는 주방에 서서 인간의 마음을 차지하려는 녀석과 전쟁을 벌이고 있었다. 태초부터 계속해서 있던 오랜 전쟁이다. 나는 스트레스와 트라우마로 너무도 지쳐 있었다. 그저 쉬고만 싶었다. 삶이 다시 좋아지기를 간절히 원했다.

"롯의 처를 기억하라."

내 마음이 얼마나 쉽게 나뉘는지 몸서리가 쳐질 정도다. 나는 하나님을 사랑한다. 정말 사랑한다. 당신도 그러기를 바란다. 우리가 하나님을 원하는 것 같지만 '진정으로' 원하지 않을 때 두 마음이 드러난다. 삶이 다시 좋아지기를 바라는 갈망은 우리가 하나님께 어떤 마음을 품고 있는지를 드러낸다. 하나님이 도움이 되는 것 같을 때는 믿는 척한다. 하지만 그렇지 않을 때는 뭐든 우리의 갈망을 채워 줄 것만 같은 것들을 좇고 이따금씩 하나님께로 돌아간다. 태초부터 존재해 온 강력한 세력들이 우리를 이런 삶의 방향으로 이끌고 있다.

이 시대에 사는 우리는 매우 취약한 상태에 있다.

우리는 반드시, 반드시 일편단심을 선택해야 한다. 다른 무엇보다도 예수님만을 바라봐야 한다. 다른 '애인들', 거짓 에덴들, 일시적인 위안을 주는 것들보다 예수님을 사랑해야 한다.

예수님을 향한 일편단심을 품고 싶다면 모든 것을 기꺼이 하나님 앞에 내려놓을 수 있어야 한다. 예수님을 우리의 전부로 삼아야 한다. 그렇게 할 때 우리 마음의 진정한 운명이 이루어질 뿐 아니라 회복력을 얻을 수 있다. 모든 것을 내려놓은 뒤에는 그 무엇도 빼앗길 염려가 없다.

내가 공들여 가꾸었던 꽃들은 어떻게 되었을까? 오늘 아침에 보니 내가 좋아하는 꽃들에 건부병 균이 퍼지고 있었다. 또 다른 데서는 벌레가 모든 꽃을 씹어 먹어 군데군데 구멍이 나 있었다. 세상 것들을 붙잡을 수는 없다. 뒤돌아보지 말라. 그래 봐야 도움이 되지 않는다. 아니, 막대한 해가 된다.

"롯의 처를 기억하라."

돌아보지 말라. 하나님이 전진하고 계신 시대에는 더더욱 그러해야 한다. 하나님은 우리가 그분과 나란히 걷기를 원하신다.

"주님의 모든 것을 받기 위해 제 모든 것을 내놓겠습니다."

이것이 내 기도다.

"주님의 모든 것을 받기 위해 제 모든 것을 내놓겠습니다."

나의 몇몇 친구들은 하나님과 매우 깊고도 특별한 관계를 누리고 있다. 그들은 하나님의 음성을 듣고, 그분이 이 땅에서 행하시는 일에 관한 환상을 본다. 최근 그들 중 한 명이 이 시대 현상 이면에서 벌어지는 일에 관해 보았던 환상을 이야기했다. 그는 내가 이 책을 쓰고 있는지 전혀 몰랐다. 그는 이번 장에 관해 한 마디도 들은 적이 없었다. 그런데 그는 다음과 같은 글을 보내 왔다.

마지막 전투 중에 많은 사람이 롯의 아내처럼 신앙을 잃었네(창 19:26). 그들은 거룩함에서 벗어나고, 하나님에게서 돌아서고, 그 상황을 분명히 보지 못하고, 사실상 원수와 한편이 되었네. 결국 그렇게 되었네. 안타깝게도, 정말 안타깝게도, 그들은 버텨내지 못했어. 그들 중 많은 이들이 끝까지 똑바로 설 것으로 기대되었던 사람들이네.

그리스도의 재림에 대한 갈망

우리는 뒤로 물러가 멸망할 자가 아니요 오직 영혼을 구원함에 이르는 믿음을 가진 자니라.
히브리서 10장 39절

혹시 삶이 다시 좋아지기를 바라는 갈망이 최고조에 이른 것은 단순한 트라우마나 계속된 실망, 상실에 대한 반응이 아니라, 놀라운 뭔가를 가리키고 있는 것은 아닐까?

하늘이 그리스도의 재림을 준비하며 들떠 있다면, 이 땅에서 전쟁이 치열하게 벌어지고 있다면, 그리스도께서 직접 문 앞에 서 계시다면, 우리의 마음이 그것을 느껴야 마땅하다. 우리의 마음이 가장 깊이 갈망하는 분이 오실 날이 가까웠다. 전에 없이 가까워졌다. 그리스도가 내주하시는 이들에게는 이것이 특히 흥분되는 일이다. 어쩌면, 정말 어쩌면, 우리의 이성은 계속해서 진실을 억누르지만 우리의 마음이 그리스도의 임박한 재림에 반응하고 있는 것은 아닐까?

달이 궤도에서 지구에 가장 가까이 다가오면 지구에 대한 달의 인력이 가장 강해진다. 이것을 달의 근지점이라고 부른다. 1년에 몇 번씩 근지점이 보름달과 동시에 나타난다. 그렇게 되면 달의 인력이 정말 강해져서 지진과 홍수가 나타난다. 많은 과학자들은 달이 한때 지구의 일부였는데 엄청난 사건으로 지구에서 떨어져 나가 이제 헤어진 애인처럼 주변을 돌고 있다고 믿는다. 달이 가까이 오면 지구는 그 존재를 깊이 느낀다.[3]

우리의 마음도 그런 것이 아닐까?

이것은 인류 역사상 가장 위대한 사랑 이야기다. 성스러운 로맨스다. 주인공이 오랜 여행 끝에 집에 가까이 다가오면 신부는 그 사실을 마음으로 안다. 이 신랑과 신부는 노래 속 연인처럼 "수천 킬로미터" 떨어져서도 서로의 심장박동을 느낄 수 있다.[4]

나침반은 자북에 가까워지면 이상하게 움직이는 것으로 알려져 있다. 나침반은 그것을 내내 끌어당기던 것에 가까워지면 유도되어 빙빙 돈다. 뭔가가 속도를 늦춰서 멈추기 전까지 계속해서 돈다.[5] 어쩌면 이 시각 사람들이 보이는 이상한 행동은 강력한 뭔가가 우리의 '내적' 나침반을 자극하기 시작하면서 발생한 방위 상실의 증거가 아닐까?

우리 주님의 재림이 그분을 사랑하는 마음들에 어떤 종류의 자력을 발휘할까?

우리 부부는 골든 리트리버를 두 마리 키우고 있다. 우리가 어디를 가든 녀석들이 딱 붙어 다녀서 가끔 녀석들을 "칠성장어"라고 부른다. 우리가 일어나서 다른 방으로 가면 녀석들도 바로 일어나 따라온다. 매번 따라와서는 우리 발치에서 다시 기분 좋게 눕는다(내가 이 글을 쓰는 지금도 그렇게 누워 있다). 우리가 외출 할 때마다 녀석들은 풀이 죽는다. 하지만 우리가 집 근처에 도착할 즈음이면 아직 몇 집을 더 지나야 도착하는데도 이 녀석들은 깊이 잠을 자다가도 벌떡 일어나 현관으로 튀어나와 행복하게 꼬리를 흔들어 댄다. 그 녀석들은 주인이 다가오는 줄 안다.

우리 마음도 똑같지 않을까? 우리 영혼 깊은 곳에는 그리스도의 다시 오심 외에는 그 무엇으로도 진정시킬 수 없는 갈망이 있다.

하나님이 주시는 회복력은
결코 우리를 실망시키지 않는다

어릴 적에 나는 모험과 생존에 관한 이야기를 열심히 구해다가 읽곤 했다. 특히 내 상상력을 사로잡은 책은 토르 헤이에르달의 *Kon-Tiki*(콘티키)였다. 이 책은 그가 다섯 명의 노르웨이 사람들과 함께 남아메리카 페루 해안에서 폴리네시아(오세아니아 동쪽 해역에 분포하는 수천 개 섬들의 총칭)까지 탁 트인 태평양을 건넜던 여정에 관한 개인적인 이야기다. 그 탐험의 목적은 고대 남아메리카 사람들이 폴리네시아로 건너가 정착했다는 이론을 증명하는 것이었다. 이 남자들은 고대 인디언식 방법을 따라 만든 원시적인 발사나무 뗏목을 타고 오직 바람과 해류에 의지하여 3개월간 망망대해를 떠돌았다. 101일에 걸쳐 약 8,000킬로미터를 이동하는 대장정 동안 그 뗏목이 그들의 집이요 성전이며 구조선이었다.

토르 일행은 아무도 보지 못한 태평양 일부를 건너갔다. 그들은 바다에서 잡은 물고기로 먹고살았고, 돌고래와 고래, 상어와 함께했다. 그들은 휘몰아치는 폭풍을 용감하게 이겨 내기도 했다. 뗏목이 잔잔하면서도 강력한 해류를 따라 가는 동안 해가 쨍쨍한 날이면 갑판에 드러누워 여유를 부리기도 했다.

어릴 적 나는 자연 속에서 자유를 만끽한 이들에 관한 이 이야기를 참 좋아했다. 게다가 나는 어릴 적부터 낚시에 일가견이 있었다. 3개월 동안 매일 낚시를 하며 빈둥거리는 것이 내게는 천국의 삶처럼 느껴졌다.

어떤 이유로 금년 여름에 이 책을 다시 펼쳤다. 그리고 정신없이 빠져들었다. 큰 시련에 관한 이 이야기에는 요즘 내게 필요한 것들이 담겨 있었다. 이야기는 올바른 방향을 찾는 데 도움이 된다. 이야기는 옳은 시각과 힘을 준다. 이번에 내 마음을 완전히 사로잡은 것은 폴리네시아에 도착한 순간을 담은 장면이었다.

101일 동안 바다를 떠돈 끝에 마침내 그들 눈에 낙원이 들어왔다. 그런데 그들의 뗏목은 한 무인도를 둘러싼 암초의 이빨에 부딪쳤다. 몇 백 미터 앞, 석호(lagoon) 너머에 살길이 있었지만 그들은 암초 탓에 거대한 파도에 갇혀 있었다.

새로운 파도가 선미 쪽에서 반짝거리는 녹색 유리벽처럼 높이 일어났다. 파도는 가라앉는 우리를 향해 굽이치며 다가왔다. 저 높이 솟은 파도를 보는 순간, 나는 세찬 타격을 느끼며 물속에 빠지고 말았다. 온몸을 훑고 지나가는 흡인력을 느꼈다. 그 힘이 얼마나 강한지 온몸의 근육 마디마디 힘을 주어야 했다. 머릿속에서 떠오르는 것은 단 하나뿐이었다. 버티라! 버티라! 물속에 온몸이 가라앉은 상태는 불과 몇 초밖에 되지 않았지만 평소보다 훨씬 더 많은 인내심이 필요했다. 인간이란 기계 안에는 단순한 근육의 힘보다 더 큰 힘이 있다. 나는 죽더라도

줄의 매듭 같은 이 자세로 죽기로 마음먹었다. 바다가

으르렁거리며 무시무시한 모습으로 다가와 우리 위를 훑고

지나갔다. …… 우리가 바다에서 몇 주, 몇 달간 알던 배의 모습은

온데간데없어졌다. 몇 초 만에 우리의 즐거운 세상은 산산이

부서진 난파선으로 변했다.[6]

배를 때리는 파도. 남 이야기 같지 않았다. 우리가 알던 세상
이 바로 우리 곁에서 산산이 부서지는 와중에도 우리는 버텨야 한
다. 버텨야 한다. 버텨야 한다.

계속해서 읽다 보니 진짜 선물이 찾아왔다. 그들은 무사히 섬
에 도착했다!

암초를 건너 천상의 야자나무 섬을 향해 걸어갔던 그 순간을 평생
잊지 못할 것이다. 섬이 점점 더 크게 보이더니 지친 우리를 맞아
주었다. 햇빛이 쨍쨍한 모래 해변에 도착한 우리는 당장 신발을
벗어던지고, 따스하고 바짝 마른 모래 속에 맨발을 푹 파묻었다.
인간의 발길이 닿지 않은 모래 해변. 야자나무 줄기까지 이어져
있는 그 해변에 찍힌 내 발자국들을 보니 기분이 그렇게 좋을 수
없었다. 곧 야자나무 맨 꼭대기에 있던 줄기들이 내 머리 위를
덮었다. 나는 계속해서 이 작은 섬의 중심부까지 곧장 들어갔다.
야자나무마다 녹색 야자열매가 달려 있었다. 울창한 숲은

새하얀 꽃들로 가득 덮여 있었다. 꽃향기가 너무도 달콤하고
매력적이어서 현기증이 날 정도였다. 섬 안쪽에서는 꽤 유순한 두
마리의 제비갈매기가 내 어깨 주위를 날아다녔다. 녀석들은 구름
조각처럼 하얗고 가벼워 보였다.

나는 눈앞의 광경에 완전히 압도되었다. 무릎을 꿇고 따스한 마른
모래 속으로 손가락을 깊이 찔러 넣었다.

항해는 끝났다. 우리 모두는 살아남았다. 우리는 아무도 살지
않는 남쪽 바다의 작은 섬 해변을 뛰어다녔다. 진정 아름다운
섬이었다. 토르스타인이 들어와 등짐을 벗어던지고, 땅바닥에
대자(大字)로 누워 야자나무 꼭대기를 올려다보았다. 그리고 우리
위를 아무 소리도 없이 선회하는 깃털처럼 가볍게 날아다니는 흰
새들을 올려다보았다. 곧 다 함께 그곳에 누웠다. 언제나 활기찬
허면은 작은 야자나무를 타고 올라가 큼지막한 녹색 야자열매 한
덩어리를 땄다. 우리는 넓적한 칼로 마치 달걀을 깨듯 야자열매의
부드러운 꼭지를 잘랐다. 그리고 세상에서 가장 맛있는 시원한
음료를 목구멍에 들이부었다. 씨 없는 어린 야자열매에서
달콤하고 시원한 음료가 흘러나왔다. 암초 바깥쪽에서는 낙원
보초들의 단조로운 북소리가 울려 퍼졌다.

"지옥은 좀 축축했지만 천국은 대충 내가 상상했던 대로야."

야자나무 꼭대기 위로 서쪽으로 부는 무역풍을 따라 하얀 구름이
표류하고 있었다. 우리는 땅에 호사스럽게 누워 그 구름을 보며

미소를 지었다. 이제 우리는 더 이상 무기력하게 그 구름을
따라가고 있지 않았다. 이제 우리는 더 이상 표류하지 않고
폴리네시아 섬에 누워 있었다.

대자로 뻗어 누워 있자니 파도가 수평선을 따라 마치 열차처럼
앞뒤로 덜커덩거리며 달리고 있었다.

벵의 말이 옳았다. 여기가 천국이었다.[7]

나는 길고 깊은 숨을 내쉬었다. 실로 아름답고 깊이 안도되는
그림이 아닐 수 없다. 이 이야기는 새 땅을 향한 우리의 여행을 보
여 준다. 마침내 진짜 집에 도착해서 에덴을 돌아다니며 치유를
받는 상상을 해 보라. 우리 모두는 언제나 이런 이야기를 갈망하
고 있다. 우리의 정신없는 삶 이면에는 집을 찾아 헤매는 에덴의
마음이 있다.

그리고 그들 여행에서 가장 위험한 순간이 가장 말미에 찾아
왔다는 점이 인상적이지 않은가. 꼭 우리 상황과 닮았다. 그들은
포기하지 않은 탓에 그 순간을 이겨 낼 수 있었다. 그들은 끝까지
살아남은 자답게 굴었다. 그들은 끝까지 버텼다.

고지가 정말 가까웠다. 내가 장담한다. 두려워하거나 엉뚱한
것들을 움켜쥐거나 뒤를 돌아볼 필요가 없다.

그렇다면 어떻게 해야 할까?

이 책의 내용을 진지하게 받아들여야 한다. 이기는 힘을 받을

수 있도록 하나님 중심으로 삶을 재정비해야 한다. 모든 생존자가 그러하듯 회복력을 진지하게 다루어야 한다. 9장으로 돌아가서 예수님과 함께 당신만의 처방을 완성하라. 그런 다음 그 처방을 고수하라! 이 책을 읽으면서 생각나는 사람이 있었는가? 그에게 꼭 한 권을 선물해 주라.

우리 주님이 명령하신 것처럼 롯의 아내를 기억해야 한다. 뒤를 돌아보고 싶을 때마다 어둡고 강한 해류가 우리를 잡아끄는 것임을 자각하고 예수님을 향한 사랑을 배가해야 한다. 초자연적 은혜를 부여잡아야 한다! 예수님의 모든 것을 받기 위해 우리의 모든 것을 내놓아야 한다. 그리고 나서 회복력을 얻기 위해 우리 존재의 가장 깊은 곳으로 내려가 하나님을 찾아야 한다.

하나님이 주시는 초자연적 회복력은 결코 우리를 실망시키지 않는다. 곧 우리는 완벽히 치유된 세상에서 예수님과 동행하며 치유된 마음으로 웃고 노래하게 되리라!

초자연적 회복력을 구하는 기도

생수의 강을 받는 기도

예수님, 삶이 다시 좋아지기를 바라는 갈망을 들고 주님께로 돌아갑니다. 주님, 사랑합니다. 제 영혼의 갈망과 바람, 고민을 주님께 맡깁니다. 제 원초적 생명의 욕구를 주님께 드립니다. 좋은 것들을 바라고 얻고 누리는 모든 과정을 주님 앞에 내려놓습니다. 삶이 다시 좋아지기를 바라는 제 강렬한 갈망을 주님께 드립니다. 주님, 사랑합니다. 주님, 생명의 강이 제 안에서 흐르게 하옵소서. 제 원초적 생명의 욕구, 삶이 다시 좋아지기를 바라는 갈망을 채워 주옵소서. 제 마음과 영혼을 생명의 강을 향해 엽니다. 생명의 강이 제 안에서, 저를 통해, 제 주변에 온통 흐르게 하옵소서. 생명의 강이 저를 회복시키고 새롭게 하고 치유하게 하옵소

서. 오직 주님만이 제가 찾아야 할 유일한 생명입니다. 주님의 생
명의 강을 받아들입니다. 하나님, 감사합니다. 예수님의 크신 이
름으로 기도합니다. 아멘.

이기는 힘을 받는 기도

하나님 아버지, 예수님, 성령님, 온 피조 세계의 하나님, 폭풍
우와 폭포수의 하나님, 주님의 능력이 필요합니다. 이기는 힘이
필요합니다. 실족하고 싶지 않아요. 희망을 잃고 싶지 않습니다.
다른 무엇보다도 주님을 선택하겠습니다. 주님께 제 충성과 마음
을 드립니다. 주님, 제 몸과 마음, 영혼, 정신, 의지까지 전부를 주
님께로만 향합니다. 하나님, 초자연적 회복력을 주옵소서. 이기는
힘, 승리의 힘을 제게 가득 채워 주옵소서. 온 하늘과 온 땅의 주 하
나님, 저를 강하게 해 주옵소서. 정신의 힘, 마음의 힘, 의지의 힘을
주옵소서. 이 시각 성도에게 닥치는 모든 유혹을 피할 힘을 주옵소
서. 제 안에 회복력을 가득 채워 주옵소서. 믿음으로 그 힘을 받고
감사드립니다. 예수님의 이름으로 기도합니다. 아멘.

주님의 영광을 받는 기도

하나님 아버지, 예수님, 성령님, 주님의 영광을 제 존재 안에 받아들입니다. 바다를 채우는 영광, 태양을 유지시키는 영광을 받아들입니다. 그리스도를 죽은 자 가운데서 살리신 영광을 받아들입니다. 주님의 에덴의 영광을 제 마음과 영혼, 정신, 힘에 가득 채워 주옵소서. 주님, 저는 주님의 성전입니다. 오셔서 주님의 영광으로 주님의 전을 채우시옵소서. 또한 주님의 에덴의 영광으로 제 삶에 닥치는 모든 형태의 황폐함에서 저를 보호해 주옵소서. 제가 받아들였던 크고 작은 황폐함에서 돌아섭니다. 이제 하나님을 선택합니다. 배교에서 돌이켜 주님을 선택합니다. 제 느낌과 상관없이 주님을 선택합니다. 주님은 제 하나님이요 구원자이십니다. 주님의 에덴의 영광을 제 삶에 가득 채워 주옵소서. 그래서 저를 회복시키고 새롭게 하는 초자연적인 인내와 회복력을 주옵소서. 또한 주님의 에덴의 영광이 제 삶과 가족, 지역사회를 지키는 방패가 되어 주옵소서. 주님의 영광, 주님의 사랑, 주님의 나라가 제 힘이요 방패가 되어 주옵소서. 온 하늘과 온 땅의 주재이신 주 예수 그리스도의 이름으로 기도합니다. 주님, 감사합니다!

풍성함을 받는 기도

제 영혼을 창조하시고, 모든 어머니의 사랑을 창조하시며, 어머니를 향한 갈망을 창조하신 하나님, 지금 주님이 필요합니다.

주님이 부어 주시는 어머니와 같은 사랑이 필요합니다. 풍성함의 확신이 필요합니다. 제 존재에 대한 축복이 필요합니다. 주님과의 깊은 사랑의 연합이 필요합니다. 주님이 애착을 위해 창조하신 제 영혼 깊은 곳에서 애착을 간절히 구합니다. 치유의 하나님, 어머니의 사랑을 갈구하는 제 영혼 안에 오셔서 저를 치유해 주옵소서. 제 육신의 어머니에 관한 상황을 주님께 열어 보입니다. 원초적 사랑, 원초적 영양 공급을 향한 제 갈망을 채워 주옵소서. 약속하신 대로 제게 생명을 공급해 주옵소서.

제 영혼을 창조하시고, 모든 어머니의 사랑을 창조하시며, 어머니를 향한 갈망을 창조하신 하나님, 원초적 연결을 원하는 제 갈망을 채워 주옵소서. 제 존재에 대한 축복을 원하는 제 원초적 갈망을 채워 주옵소서.

이 갈망을 다른 것에서 해결하려고 했던 것을 용서해 주옵소서. 이제 이 갈망을 온전히 주님께로 향합니다. 이 갈망을 주님께 열어 보입니다. 제 육신의 어머니를 용서합니다. 어머니를 용서하고 원망을 털어버립니다. 어머니와 같은 사랑과 생명을 제게 부어 주옵소서. 저를 위로해 주옵소서. 애착의 사랑으로 저를 채워 주옵소서. 풍성함의 확신을 주옵소서. 충분히 가지지 못할지도 모른다는 제 원초적 두려움 속으로 들어오셔서 풍성함의 확신을 가득 채워 주옵소서. 예수님의 이름으로 기도합니다. 아멘.

사랑을 받는 기도

모든 미움을 내려놓습니다. 어떤 형태로든 미움을 품었던 마음을 내려놓습니다. 미움에 협력하거나 참여하려는 마음을 모두 내려놓습니다. 저를 향해 오는 미움도 모두 내려놓습니다. 제 삶에서 미움을 몰아내겠습니다. 아버지께서는 저를 사랑하십니다. 주 예수 그리스도께서는 저를 사랑하십니다. 사랑의 길을 선택하겠습니다. 사랑을 선택하겠습니다. 그래서 이제 저를 공격하는 모든 미움을 주님의 강하신 사랑으로 공격하겠습니다. 아버지, 아버지의 사랑의 방패로 제 마음과 영혼을 모든 미움의 공격으로부터 보호해 주옵소서. 예수님의 이름으로 기도합니다. 아멘.

감사의 말

이 프로젝트를 위한 귀한 조사를 해 준 루크 엘드리지와 이 중요한 메시지가 당신의 손에 전달되도록 도와준 예이츠 앤 예이츠(Yates & Yates), 토머스 넬슨(Thomas Nelson) 출판사 여러 팀에 깊이 감사의 마음을 전한다.

들어가며

1. Paulo Coelho, *The Alchemist*, Alan R. Clarke 번역 (New York: HarperOne, 1993), 116. 파울로 코엘료, 《연금술사》(문학동네 역간).

2. Ed Yong, "What Happens When Americans Can Finally Exhale: The Pandemic's Mental Wounds Are Still Wide Open," *Atlantic*, 2021년 5월 20일, https://www. theatlantic.com/health/archive/2021/05/pandemic-trauma-summer/618934/.

1 《《《

1. Wilfred Thesiger, "From Arabian Sands," *Points Unknown: The Greatest Adventure Writing of the Twentieth Century*, David Roberts 편집 (New York: W. W. Norton, 2000), 93, 95.

2. George Eliot, *The Mill on the Floss* (1880; repr., New York: Penguin Classics, 2003), 314. 조지 엘리엇, 《플로스강의 물방앗간》.

3. Daniel Ladinsky 편집, *Love Poems from God* (New York: Penguin, 2002), 300.

4. 전국적으로 집을 고치고 다시 꾸미는 집이 너무 많아 건축 자재가 부족해졌다. 그리하여 목재 가격이 300퍼센트 넘게 올랐으며, 그 결과 집값이 36,000달러나 상승했다. Porch Research, "Survey: Home Improvement Trends in the Time of Covid," Porch, 2020년 7월 21일, https://porch.com/advice/home-improvement-trends-covid; Frank Morris, "Why Home Improvement Has Surged and How It's Changing America," NPR, 2020년 9월 11일, https://www. npr.org/2020/09/11/909264580/why-home-improvement-has-surged-and-how-its-changing-america; "Framing Lumber Prices," National Association of Homebuilders, 2021년 11월 12일 마지막 업데이트, https://www.nahb.org/news-and-economics/housing-economics/national-statistics/framing-lumber-prices.

5. Dan B. Allender와 Cathy Loerzel, *Redeeming Heartache: How Past Suffering Reveals Our True Calling* (Grand Rapids, MI:Zondervan, 2021).

6. Dana Rose Garfin, E. Alison Holman, Roxane Cohen Silver, "Cumulative Exposure to Prior Collective Trauma and Acute Stress Responses to the Boston Marathon Bombings," Psycholog*ical Science 26*, no. 6 (2015): 675-683, doi. org/10.1177/0956797614561043.

7. 이야기 전체를 보고 싶다면 다음 책을 보라. Edward Dolnick, *Down the Great Unknown: John Wesley Powell's 1869 Journey of Discovery and Tragedy Through the Grand Canyon* (New York: HarperCollins, 2001).

8. "How Many Israelites Left Egypt in the Exodus?," Got Questions, 2021년 11월 9일에 확인, https://www.gotquestions.org/Israelites-exodus.html.

9. Richard Gunderman, "For the Young Doctor About to Burn Out," *Atlantic*, 2014년 2월 21일, http://www.theatlantic.com/health/archive/2014/02/for-the-young-doctor-about-to-burn-out/

2 ⋘

1. John Muir, "A Perilous Night on Mount Shasta," *The Wild Muir: Twenty-Two of John Muir's Greatest Adventures*, Lee Stetson 편집 (El Portal, CA: Yosemite Conservancy, 1994), 122-123.

2. Rudyard Kipling, "If—" *Kipling: Poems,* Peter Washington 편집 (London: Alfred A. Knopf, 2007), 170.

3. Hongmi Lee, Buddhika Bellana, Janice Chen, "What Can Narratives Tell Us About the Neural Bases of Human Memory?," *Current Opinion in Behavioral Sciences 32* (2020년 4월): 111-119, https://doi.org/10.1016/j.cobeha.2020.02.007.

4. Joshua J. Mark, "Roman Empire," *World History Encyclopedia*, 2018년 3월 22일, https://www.worldhistory.org/Roman_Empire/.

5. Spencer Mizen, "Genghis Khan: The Mongol Warlord Who Almost Conquered the World," History Extra, 2021년 11월 9일 확인, https://www.historyextra.com/period/medieval/genghis-khan-mongol-warlord-conquered-world-china-medieval/.

6. John C. McManus, *Fire and Fortitude: The US Army in the Pacific War, 1941-1943* (New York: Penguin, 2019), 22.

7. Douglas Cobb, *And Then the End Will Come: The Completion of the Great Commission and Nine Other Clues That Jesus Is Coming Soon* (Louisville, KY: DeepWater Books, 2021), 44-45.

3 «««

1. John Muir, "A Perilous Night on Mount Shasta," *The Wild Muir: Twenty-Two of John Muir's Greatest Adventures*, Lee Stetson 편집 (El Portal, CA: Yosemite Conservancy, 1994), 125, 127.
2. "심한 통곡과 눈물로 간구와 소원을 올렸고"(히 5:7).
3. *Strong's Concordance*, s.v. "2729. katischuo," Bible Hub, 2021년 11월 20일 확인, https://biblehub.com/greek/2729.htm.
4. William Shakespeare, *Henry V*, 4막 1장. 윌리엄 셰익스피어, 《헨리 5세》.
5. Charles Bellinger, "Summary of Kierkegaard's *The Sickness unto Death*," Texas Christian University, 2005년 3월, https://lib.tcu.edu/staff/bellinger/60023/summary_of_sicknessUD.htm.

4 «««

1. John Eldredge, *Get Your Life Back: Everyday Practices for a World Gone Mad* (Nashville: Thomas Nelson, 2020).
2. 그리스도인이 하나님의 성전이라는 진리를 더 탐구하고 싶다면 www.bibleproject.com을 방문해 '성전'에 관한 좋은 자료들을 참고하라. 이 진리를 깊이 이해할수록 우리 안에서 하나님의 영광을 더 기꺼이 받을 수 있다.
3. Jennifer K. Logue et al., "Sequelae in Adults at 6 Months After COVID-19 Infection," *JAMA Network Open* 4, no 2 (2021년 2월 19일), https://jamanetwork.com/journals/jamanetworkopen/fullarticle/2776560.
4. Ed Yong, "What Happens When Americans Can Finally Exhale: The Pandemic's Mental Wounds Are Still Wide Open," *Atlantic*, 2021년 5월 20일, https://www.theatlantic.com/health/archive/2021/05/pandemic-trauma-summer/

5 «««

1. Laura Hillenbrand, *Unbroken: A World War II Story of Survival, Resilience, and Redemption* (New York: Random House, 2010), 132.

2. Robert Karen, *Becoming Attached: First Relationships and How They Shape Our Capacity to Love* (New York: Oxford University Press, 1998), 382.

3. Penny Simkin 등, *Pregnancy, Childbirth and the Newborn*, 4th ed. (Minnetonka, MN: Meadowbrook Press, 2010), 398.

4. 이 점에 관해서는 많은 참고 문헌이 존재하기 때문에 대표적인 문헌을 고르는 것이 중요하다. 다음 문헌이 좋은 출발점이 될 것이다. D. Gribble, "Mental Health, Attachment, and Breastfeeding: Implications for Adopted Children and Their Mothers," *International Breastfeeding Journal* 1, no. 5 (2006), https://doi.org/10.1186/1746-4358-1-5.

5. Laurence Gonzales, *Deep Survival: Who Lives, Who Dies, and Why* (New York: W. W. Norton, 2005), 156. 로렌스 곤잘레스, 《생존》(예담 역간).

6. "How Long Do Babies Carry Their Mother's Immunity?," National Health Services, 2021년 6월 9일 마지막 업데이트, https://www.nhs.uk/common-health-questions/childrens-health/how-long-do-babies-carry-their-mothers-immunity.

7. Dallas Willard, *The Divine Conspiracy: Rediscovering Our Hidden Life in God* (New York: HarperCollins, 2014), 117. 달라스 윌라드, 《하나님의 모략》(복있는사람 역간).

8. Gary W. Moon 편집, *Eternal Living* (Downers Grove, IL: InterVarsity Press, 2015), 16.

9. Karen, *Becoming Attached*, 23.

10. Karen, 15.

11. Karen, 55.

12. Jim Wilder, *Renovated: God, Dallas Willard, and the Church That Transforms* (Colorado Springs: NavPress, 2020), 1, 6. 짐 와일더, 《달라스 윌라드와의 마지막 영성 수업》(두란노 역간).

13. Karen, *Becoming Attached*, 7.

14. Wilder, *Renovated*, 6. 짐 와일더, 《달라스 윌라드와의 마지막 영성 수업》(두란노 역간).

15. 이 점에 관해서 더 깊이 탐구하고 싶다면 Rankin Wilbourne, *Union with Christ* (Colorado Springs: David C. Cook, 2016)와 내 책 *Get Your Life Back*의 13장을 보라.

16. Henry Scougal, *The Life of God in the Soul of Man* (1677; repr., Louisville, KY: GLH Publishing, 2015), 5.

17. Wilder, *Renovated*, 6. 짐 와일더, 《달라스 윌라드와의 마지막 영성 수업》(두란노 역간).

6 «««

1. Jon Krakauer, *Into Thin Air: A Personal Account of the Mt. Everest Disaster* (New York: Random House, 1997), chapter 18. 존 크라카우어, 《희박한 공기 속으로》(황금가지 역간).

2. Walter Hooper, "Preface," *God in the Dock: Essays on Theology and Ethics* (1970; repr., Cambridge: William B. Eerdmans, 2014), xiv.

3. Theodore Roosevelt, *Hunting Trips of a Ranchman and the Wilderness Hunter* (1885; repr., New York: The Modern Library, 1996), 436-437.

4. George MacDonald, *Unspoken Sermons Series I, II, and III* (1867; repr., New York: Start Publishing, 2012), 167.

7 «««

1. Steven Rinella, *Meat Eater: Adventures from the Life of an American Hunter* (New York: Spiegel & Grau, 2012), 9-10.

2. *The Edge of Paradise*, John Wehrheim 제작, Robert C. Stone 감독 (Wehrheim Productions, 2009), https://theedgeofparadisefilm.com/about/.

3. Pankaj Mishra, "What Are the Cultural Revolution's Lessons for Our Current Moment?," *New Yorker*, 2021년 1월 25일, https://www.newyorker.com/magazine/2021/02/01/what-are-the-cultural-revolutions-lessons-for-our-current-moment.

4. Derek Thompson, "The Great Resignation Is Accelerating," *Atlantic*, 2021년 10월 15일, https://www.theatlantic.com/ideas/archive/2021/10/great-resignation-accelerating/620382/; Phil Reed, "Millions of Americans Quitting Their Jobs During 'The Great Resignation,'" MSN, 2021년 6월 24일, https://www.msn.com/en-us/money/careersandeducation/millions-of-americans-quitting-their-jobs-during-the-great-resignation/ar-AALpHn9.

5. John Eldredge, *All Things New: Heaven, Earth, and the Restoration of Everything You Love* (Nashville: Thomas Nelson, 2017), 12, 14-16.

8 ««

1. Russ McCarrell, Zachary Behr 감독, *Alone*, season 8, episode 10, "All In," 2021년 8월 12일 방송, HISTORY, streaming video, 1:02:13, https://www.history.com/shows/alone/season-8/episode-10.

2. Nicholas Carr, *The Shallows: What the Internet Is Doing to Our Brains* (New York: W. W. Norton, 2010). 니콜라스 카, 《생각하지 않는 사람들》(청림출판 역간).

3. Jeanne Guyon, *Union with God* (Sargent, GA: Seedsowers, 1981), 1. 잔느 귀용, 《하나님과의 연합》(순전한나드 역간).

4. "볼지어다 내가 문 밖에 서서 두드리노니 누구든지 내 음성을 듣고 문을 열면 내가 그에게로 들어가"(계 3:20).

5. Catholic News Service, "Pope's Message: Prayer Is a Constant Learning Experience," *St. Louis Review*, 2018년 12월 7일, https://www.archstl.org/popes-message-prayer-is-a-constant-learning-experience-3406.

6. Theophan the Recluse, *The Art of Prayer: An Orthodox Anthology*, comp. Igumen Chariton of Valamo, E. Kadloubovsky, E. M. Palmer 번역, Timothy Ware 편집 (London: Faber and Faber, 1966), 110.

7. John Eldredge, *Get Your Life Back: Everyday Practices for a World Gone Mad* (Nashville: Thomas Nelson, 2020), 16.

8. Eldredge, *Get Your Life Back*, 24, 25.

9 ««

1. Laurence Gonzales, *Deep Survival: Who Lives, Who Dies, and Why* (New York: W. W. Norton, 2017), 120. 로렌스 곤잘레스, 《생존》(예담 역간).

2. C. S. Lewis, *Mere Christianity* (1952; repr., New York: HarperOne, 1980), 50. C. S. 루이스, 《순전한 기독교》(홍성사 역간).

3. "Sports Injuries," MedBroadcast, 2021년 11월 20일 확인, https://medbroadcast.com/condition/getcondition/sports-injuries.

4. Jayne Leonard, "How to Build Muscle with Exercise," Medical News Today, 2020년 1월 8일, https://www.medicalnewstoday.com/articles/319151.

5. 여러모로 이 책은 인간의 회복과 치유에 관한 대화의 2부다. 1부는 *Get Your Life Back*(삶을 되찾으라)이다. 그 책에서 회복을 위한 많은 실천적 방안들을 소개했다. 하루 중 멈추는 법을 배우는 것, 영혼이 한 단계에서 다음으로 넘어가기 전의 과도

기를 허용하는 것, 자연과 아름다움의 치유력을 이해하는 것 등 간단한 방안들이다.

6. Jeffrey Zimmerman and Marie-Nathalie Beaudoin, "Neurobiology for Your Narrative: How Brain Science Can Influence Narrative Work," *Journal of Systemic Therapies* 34 no. 2 (2015년 8월): 59-74, https://doi.org/10.1521/jsyt.2015.34.2.59.

7. Sebastian Junger, *War* (New York: Hachette, 2010), 23. 세바스찬 융거, 《워 WAR》(제온 365 역간).

8. Alan Jacobs, *The Narnian: The Life and Imagination of C. S. Lewis* (New York: HarperOne, 2008), 299.

9. Gonzales, *Deep Survival*, 40. 로렌스 곤잘레스, 《생존》(예담 역간).

10. Bakari Akil II, "How the Navy Seals Increased Passing Rates: Better Passing Rates Through Simple Psychology," *Psychology Today*, 2009년 11월 9일, https://www.psychologytoday.com/us/blog/communication-central/200911/how-the-navy-seals-increased-passing-rates.

11. Roald Amundsen, *My Life as an Explorer* (New York: Doubleday, 1927).

12. Gonzales, *Deep Survival*, 105. 로렌스 곤잘레스, 《생존》(예담 역간).

13. Mark Matousek, "The Meeting Eyes of Love: How Empathy Is Born in Us," *Psychology Today*, 2011년 4월 8일, https://www.psychologytoday.com/us/blog/ethical-wisdom/201104/the-meeting-eyes-love-how-empathy-is-born-in-us.

14. *Strong's Concordance*, s.v. "916. bareó," Bible Hub, 2021년 11월 21일 확인, https://biblehub.com/greek/916.htm.

10 «

1. Thor Heyerdal, *Kon-Tiki* (1950; repr., New York: Skyhorse Publishing, 2014), 65, 189, 192.

2. 창세기 18-19장에 기록된 롯의 아내의 이야기를 각색한 이 이야기는 내 아들 블레인 엘드리지가 지금 쓰고 있는 책에서 빌린 것이다. 그 책은 구약의 많은 이야기를 각색했다. 이 사건에 관한 배경 지식을 더 알고 싶다면 다음을 보라. Bruce Bower, "An Exploding Meteor May Have Wiped Out Ancient Dead Sea Communities," Science News, 2018년 11월 20일, https://www.sciencenews.org/article/exploding-meteor-may-have-wiped-out-ancient-dead-sea-communities; Steven Collins, "Tall el-Hammam: Digging for Sodom," Tall el-Hammam Excavation Project, https://tallelhammam.com/.

3. NOAA, "What Is a Perigean Spring Tide?," National Oceanic and Atmospheric

Administration, 2021년 2월 26일 마지막 업데이트, https://oceanservice.noaa. gov/facts/perigean-spring-tide.html; "Moon Facts," *National Geographic*, 2004년 7월 16일, https://www.nationalgeographic.com/science/article/moon-facts.

4. Van Morrison, vocalist, "Crazy Love," Van Morrison, 1969년 녹음, track 3 on *Moondance*, Warner Brothers, 33 1/3 rpm, 2:34.

5. "What Happens When a Compass Is Taken to the Site of Magnetic Pole of Earth?," Physics Stack Exchange, 2015년 8월 13일, https://physics.stackexchange. com/questions/200152/what-happens-when-a-compass-is-taken-to-the-site-of-magnetic-pole-of-earth.

6. Heyerdal, *Kon-Tiki*, 191-193.

7. Heyerdal, 197-198.